# SOCIÉTÉ
## CENTRALE
# DES ARCHITECTES,

AUTORISÉE PAR DÉCISION

DE M. LE MINISTRE DE L'INTÉRIEUR,

en date du 27 mai 1843.

---

# RAPPORT

SUR LA PROPOSITION DE M. HAROU-ROMAIN,

RELATIVE

## A L'ASSAINISSEMENT DES HABITATIONS INSALUBRES,

Par une Commission composée de

MM. BOURGEOIS, DANJOY, HAROU-ROMAIN, ADOLPHE LANCE,
LEPOITTEVIN ET ROHAULT DE FLEURY.

*Président* : M. ROHAULT DE FLEURY.
*Rapporteur* : M. ADOLPHE LANCE.

---

PARIS.

IMPRIMÉ PAR E. THUNOT ET C^{ie},

RUE RACINE, 26, PRÈS DE L'ODÉON.

1850.

## DESCRIPTION DE LA MÉDAILLE.

La médaille de la «Société centrale des Architectes» représente, d'un côté, la figure entière et assise de l'ARCHITECTURE. Une couronne de monuments de toutes les époques orne sa tête. Elle présente de la main droite, trois figures symbolisant les trois facultés principales qui la constituent : la *construction*, la *forme*, la *coloration*.

La devise *trinitaire*, LE BEAU, LE VRAI, L'UTILE, triple aspiration de l'architecture, est symbolisée : LE BEAU, aspiration principale de l'art, par des fleurs de toutes sortes; LE VRAI, aspiration principale de la science, par une lumière, un compas et un niveau; L'UTILE, aspiration principale de l'industrie, par des fruits nécessaires et agréables..... Une *bibliothèque*, placée au-dessous de la lumière caractérise l'*érudition*..... La *truelle* jointe au *niveau*, sur le flanc du siége, considérés comme instruments de la pratique, symbolisent la solidité par *équilibre* ou par *cimentation*, la construction à *pierres sèches* ou *cimentées*.

Sur le revers de la médaille, est l'inscription : SOCIÉTÉ CENTRALE DES ARCHITECTES, FONDÉE LE 27 MAI 1843. Une autre inscription, gravée en creux, indique l'objet spécial de chaque médaille. Une *fleur* et une *branche de laurier* expriment qu'elle est un hommage rendu, une *étoile* en symbolise la *durée*.

S. C. CONSTANT-DUFEUX.

## SOCIÉTÉ CENTRALE DES ARCHITECTES.

# RAPPORT

FAIT AU CONSEIL



Au nom de la Commission nommée sur la proposition de M. HAROU-ROMAIN,

POUR ÉTUDIER LES MOYENS PROPRES A ASSURER

## L'ASSAINISSEMENT DES HABITATIONS INSALUBRES.

Membres de cette Commission : MM. ROHAULT DE FLEURY, *président*, BOURGEOIS, DANJOY, HAROU-ROMAIN, LEPOITTEVIN

ET

**ADOLPHE LANCE**, *Rapporteur*.

---

MESSIEURS,

S'il est des questions vraiment dignes des méditations de notre esprit, ce sont celles qui ont pour but l'amélioration physique et morale de notre semblable. Or le sujet qui nous occupe aujourd'hui n'intéresse pas seulement l'art que nous cultivons, il est en même temps d'un haut intérêt pour l'humanité, pour la morale et pour notre pays. Pour l'humanité, car dans l'état actuel des choses le bien-être, la santé, la vie même de plusieurs millions d'hommes en France sont sacrifiés par la routine et par l'ignorance ; pour la morale, car il y a une corrélation directe entre les habitudes domestiques et les mœurs des individus ; pour notre pays enfin, car il a besoin d'hommes sains et vigoureux pour le servir et pour le défendre.

Depuis longtemps déjà, messieurs, la religion, la médecine, la science économique, l'autorité administrative elle-même, épouvantées des ravages causés parmi les populations les plus pauvres par l'insalubrité de leurs habitations, sollicitaient une loi qui permît d'alléger tant de souffrances. Cependant jusqu'à ce jour des scrupules qui s'expliquent jusqu'à un certain point, s'étaient opposés à ce qu'on attaquât de front un fléau que protégeait si bien l'inviolabilité de la propriété privée. Nous avions des milliers de lois protectrices de tous les droits et de tous les intérêts, et nous n'en avions pas une pour défendre spécialement l'intérêt le plus précieux pour l'homme, celui de sa conservation.

Il fallait, en effet, hésiter longtemps avant de demander au législateur des mesures coercitives, qui, pour être essentiellement morales dans leur esprit, n'en sont pas moins à quelques égards limitatives des droits de propriété, et dont une fausse interprétation pourrait, dans certaines mains et à certaines époques, compromettre plus ou moins l'indépendance de la vie privée des citoyens. D'un autre côté, peu de sciences sont moins anciennes et moins populaires que celle de la salubrité; le peuple n'y croit pas ou la dédaigne. Il fallait peut-être attendre que les préjugés populaires fussent un peu dissipés, que la philanthropie eût découvert les plaies et que la science les eût sondées, avant que l'État pût tenter utilement d'apporter à ces maux un remède efficace.

Mais nous n'avons pas plus à discuter, messieurs, les questions de haute législation qui ont rendu si difficile la rédaction d'une loi sur cette matière, que nous n'avons à nous occuper des obstacles que susciteront à son exécution les intérêts qui se croiront lésés, et l'incurie même de ceux pour le bien-être desquels elle est faite. La loi existe aujourd'hui, il s'agit de l'appliquer; c'est aux hommes pratiques de se mettre à l'œuvre pour préparer, dans la limite de leurs forces et de leur pouvoir, la réalisation des bienfaits qu'on en attend. Il appartenait à la Société centrale des architectes d'apporter à qui de droit le tribut de ses connaissances spéciales et de son expérience; vous l'avez compris ainsi, messieurs, et la commission que, sur la proposition de notre honorable collègue M. Harou-Romain, vous avez chargée d'étudier cette grande question d'architecture légale, a tâché d'établir, avec tout le soin possible, quelles sont les causes de l'insalubrité de nos habitations, et aussi quels moyens il faut employer pour y porter remède.

Toutefois, messieurs, avant de vous rendre compte de la mission que vous avez bien voulu lui confier, votre commission ne peut s'empêcher de payer un juste tribut de reconnaissance à ceux qui sont venus avant elle, et qui par des travaux analogues aux siens, ont aplani la voie difficile qu'elle avait à suivre.

Sans parler du conseil général de salubrité de la Seine, qui a vu se succéder dans son sein les hygiénistes les plus éminents de notre pays, et auquel revient tout l'honneur d'avoir constitué définitivement en France l'hygiène publique, qu'il nous soit permis d'inscrire ici le nom d'un honorable confrère que la Société a eu l'honneur de compter au nombre de ses membres, et dont la mémoire seule est restée parmi nous : feu M. Rohault père. Cet habile architecte fit, comme rapporteur de la commission centrale, instituée en 1832 lors de l'invasion du choléra, un travail très-remarquable sur la salubrité des habitations (1), et ce travail rendit, on le sait, d'immenses services aux commissions sanitaires pendant le temps qu'exerça ses ravages le fléau qu'elles étaient destinées à combattre.

Plus tard la Société d'encouragement pour l'industrie nationale, dont les services en ce genre sont innombrables, reconnaissant aussi la nécessité d'étudier les moyens d'assainir nos demeures, ouvrit successivement plusieurs concours dans lesquels furent traitées, souvent avec éclat, diverses questions se rattachant à ce vaste sujet (2), et c'est ainsi, vous le savez, messieurs, qu'est émané de cette utile Société l'excellent mémoire dont M. Léon Vaudoyer, notre collègue, est

(1) *Rapport sur la salubrité des habitations par une commission spéciale, composée de* MM. A. Petit, Ad. Trébuchet *et* Rohault, *rapporteur.* — Paris, 1832.

(2) Parmi les nombreux et importants concours ouverts par la Société d'encouragement, il faut citer en première ligne celui ayant pour objet la rédaction d'une *Instruction théorique et pratique : 1° sur les diverses causes de l'humidité, et de ses inconvénients quant aux constructions en général et aux habitations ; 2° sur les différents moyens,*

l'auteur, et qui mérita le premier prix dans l'un de ces concours (1).

Nous nous arrêtons; notre intention n'est pas d'énumérer ici tous les travaux utiles produits depuis trente ans, pour hâter la solution de la question qui nous occupe : la liste en serait trop longue. Nous avons voulu seulement, comme c'était notre devoir, rendre hommage au zèle et aux lumières de ceux qui nous ont précédés, et constater en même temps que, dans cette circonstance, la Société centrale des architectes n'a d'autre ambition que celle de poursuivre la tâche si bien commencée par ses devanciers.

Cela dit, messieurs, nous n'oublierons pas que nous devons nous renfermer avec soin dans les limites qui nous sont tracées par notre position d'architectes, et nous ferons tous nos efforts pour n'en pas sortir.

Et d'abord quel est l'état des choses? Telle est la première question qui se présente. C'est en y répondant que nous pourrons vous faire apprécier toute l'étendue du mal et justifier devant vous la nature des moyens que nous proposons pour le combattre.

*soit de prévenir ces inconvénients lors de l'exécution même des constructions, soit de les faire cesser ou de s'en préserver dans les constructions existantes.* Ce concours fut ouvert en 1834.

En 1835, la même Société ouvrit aussi un concours dont le programme était : 1° *la désinfection des matières fécales et des urines dans les fosses mêmes ;* 2° *l'indication d'appareils propres à opérer la séparation des solides et des liquides de manière à désinfecter les premiers et à rendre les seconds impropres à se putréfier.*

(1) *Instruction sur les moyens de prévenir ou de faire cesser les effets de l'humidité dans les bâtiments.* Paris, 1844, chez Carilian-Gœury, éditeur.

## ÉTAT DES HABITATIONS

## OCCUPÉES PAR LES POPULATIONS PAUVRES.

Quand on pense à l'influence que l'habitation peut avoir sur la vie physique et morale des individus ; quand on réfléchit que notre demeure devient comme le moule de notre vie intime et de nos habitudes domestiques ; qu'elle est le lieu de notre repos après le travail de chaque jour, et le centre de nos affections les plus chères ; on s'étonne à bon droit que les philosophes, les moralistes, et en général tous ceux qui se sont posés en précepteurs du peuple, n'aient pas compris que la réforme de l'habitation du pauvre devait précéder toutes celles qu'on réclame à grands cris pour lui. Aujourd'hui enfin cette conviction paraît avoir pénétré dans les esprits, et tout le monde est bien d'accord sur ceci : que les populations pauvres s'étiolent, végètent et meurent dans les bouges infects des grandes villes, et que l'humanité, la politique et l'intérêt bien entendu des classes aisées elles-mêmes conseillent également de substituer à ces réceptacles de la misère et de la douleur des habitations saines et commodes où l'air, la lumière et l'espace soient mesurés d'une main moins avare.

L'état des habitations de la classe ouvrière de Rouen et de Lille a été décrit par un savant économiste, M. Blanqui aîné, et vous avez tous lu, messieurs, ces descriptions saisissantes des plus affreuses misères (1).

Mais sans aller ailleurs chercher des exemples permettez nous, messieurs, de mettre sous vos yeux le résumé de nos

(1) « Chacun sait, dit M. Blanqui, que, par suite d'un usage immémorial, » une portion considérable de la population de cette ville (Lille) habite » dans des caves situées à deux ou trois mètres au-dessous du sol, et sans » communications avec les maisons dont elles font partie ; ces caves ne re- » çoivent d'air et de jour que par la porte de l'escalier qui y conduit, et qui » donne sur la rue ; leur étendue est rarement de deux mètres à deux mètres

propres observations. Nous n'aurons pas besoin pour cela de quitter ce Paris si brillant du dix-neuvième siècle, objet de notre juste orgueil, et qui fait l'admiration du monde entier.

Voulant juger par nous-mêmes de l'état des habitations de la population pauvre de Paris, nous avons visité ces quartiers abandonnés à la misère, et que la misère, hélas, peuple trop souvent des vices les plus dégradants et les plus hideux! Comment décrire ces parages désolés, ces ruelles tristes et silencieuses, toujours obscures, toujours froides, car le soleil même ne luit pas pour elles; comment peindre ces maisons misérables, sombres, sinistres, dont les ouvertures rares et étroites laissent à peine échapper au dehors le trop-plein du poison qu'elles recèlent! Nous avons pénétré dans beaucoup de ces masures, guidés souvent par les pauvres gens qui les habitaient; la distribution intérieure en est toujours à peu près la même; une allée basse, étroite, dont

» et demi de hauteur sur cinq mètres de côté, et il y en a une infinité qui » ont des proportions beaucoup moindres....

» Cette population de parias ne se retrouve dans aucune autre ville de » France, et elle semble vouée à des misères inconnues même de l'état sau- » vage. C'est un spectacle vraiment effrayant que celui de ces ombres hu- » maines dont la tête arrive à peine à la hauteur de nos pieds, quand le » demi-jour qui les éclaire permet de les apercevoir du haut de la rue. Mais » nulle plume ne saurait décrire avec une exacte vérité, pour qui s'est » hasardé à y descendre, l'épouvantable aspect de ces asiles, capables de » faire envier aux hommes les repaires des hôtes de nos forêts.... Il faut que » la France entière sache ce qui se passe dans ce monde souterrain, et nous » allons le lui dire :

» Le quartier principal de la misère lilloise, celui de Saint-Sauveur, n'est » pas le seul où il existe des caves ; mais celui où il en existe le plus et dans » lequel toutes les combinaisons semblent avoir été réunies pour l'insalu- » brité. C'est une suite d'îlots séparés par des ruelles sombres et étroites, » aboutissant à des petites cours connues sous le nom de *courettes*, servant » tout à la fois d'égouts et de dépôts d'immondices, ou règne une humidité » constante en toute saison. Les fenêtres des habitations et les portes des » caves s'ouvrent sur ces passages infects au fond desquels une grille repose » horizontalement sur des puisards qui servent de latrines publiques le jour » et la nuit. Les habitations de la communauté sont distribués tout autour » de ces foyers pestilentiels, dont la misère locale s'applaudit de tirer un » petit revenu. » (*Des classes laborieuses en France, pendant l'année* 1848, par M. BLANQUI aîné.)

on n'aperçoit pas l'extrémité, tant l'obscurité qui y règne est profonde, conduit tant bien que mal à l'escalier. Cette allée, quand elle n'est pas traversée dans toute sa largeur par la trappe qui ferme la descente de cave ou par la pierre d'extraction de la fosse, sert d'égout aux eaux ménagères et aux urines; mais le pavage en étant ordinairement dégradé ou défoncé, les eaux s'y arrêtent, y séjournent en flaques infectes, et alors l'allée n'est plus même un égout, c'est un puisard qui absorbe les liquides quand l'air est rempli des gaz méphitiques qui s'en sont dégagés.

Les escaliers sont obscurs et malpropres comme les avenues qui y conduisent; leurs marches encombrées par des amas d'ordures que le temps a pétrifiées, sont sales et glissantes. Les paliers sont couverts des déjections des enfants et des animaux. Les plombs ont toujours leur orifice supérieur dans les escaliers; nous en avons vu dont les cuvettes étaient en plâtre; remplies jusqu'aux bords par suite de l'obstruction des tuyaux, elles dégorgeaient leurs eaux dégoûtantes sur les marches pourries de l'escalier. Des couloirs décarrelés jusqu'à dénudation complète de la charpente du plancher, servent quelquefois de buanderie; nous y avons trouvé souvent des baquets pleins d'eau de savon et des brassées de haillons mouillés, pêle-mêle avec des monceaux d'immondices dans lesquels chaque locataire a sa quote-part et qu'il grossit tous les jours. A toutes ces causes d'insalubrité il faut ajouter les latrines, que nous ne voulons pas décrire, mais que pourtant il faut mentionner. Placées ordinairement au bas de l'escalier, leurs émanations gagnent tous les étages et vont infecter tous les logements.

Ce qu'on appelle un logement dans ces affreuses maisons, c'est ordinairement une chambre basse, mal éclairée, mal close, dont les murs en ruines sont recouverts d'une couche épaisse de poussière et d'ordure qui témoigne à la fois de l'incurie du propriétaire, et, il faut bien le dire, du passage et de la malpropreté de plusieurs générations. L'air infect qu'on respire dans ces lieux misérables n'est presque jamais renouvelé; d'abord parce que les ouvertures, comme nous l'avons dit, y sont rares, et ensuite parce que, la plupart du temps les malheureux qui les habitent en calfeutrent hermetiquement les croisées, pour empêcher l'air froid de pénétrer dans leurs demeures (1).

Un de ces logements qui n'était qu'un couloir humide et obscur resserré entre deux pignons, n'avait pour tout mobilier, ou à peu près, que deux lits placés bout à bout. Un petit jour de souffrance ouvert près du plafond nous permit d'apercevoir au fond de ce réduit deux pauvres êtres tristes et souffreteux : une petite fille et son aïeule; ils n'en étaient pas pourtant les seuls locataires; mais ceux qui ont la force de gagner le pain qu'on mange dans ces tristes demeures les quittent le matin et n'y rentrent que le soir pour y chercher un repos qu'ils n'y trouvent guère sans doute, car le repos n'est nulle part pour ceux qui souffrent toujours.

Ailleurs, c'était une chambre enfoncée à un mètre et demi au-dessous du niveau de la cour, à peine éclairée par une sorte de soupirail garni de papiers et de morceaux de verre, si noirs, si enfumés que la lumière pouvait à peine s'y faire un passage. Les murs de cette pièce étaient tachés par places d'une végétation parasite dont les teintes verdâtres assombrissaient encore la tristesse du lieu. Le carrelage du sol suait l'humidité comme les murs.

Les cours, toujours étroites et trop souvent obscures, sont dignes en tout des maisons; elles sont le réceptacle des ordures et des liquides de toute sorte qui pleuvent de tous les étages. Dans le quartier Saint-Marcel, les cours dont la jouissance est interdite aux locataires, et c'est le plus grand nombre, sont peuplées d'animaux domestiques et tellement encombrées d'immondices que leur sol spongieux et putréfié s'élève quelquefois jusqu'au niveau des croisées du rez-de-chaussée.

Mais est-il donc indispensable d'aller explorer ces parages déshérités et de pénétrer dans ces maisons maudites, pour constater les abus monstrueux que nous vous signalons?

(1) Dans un rapport du conseil de salubrité du département du Nord sur l'état des ouvriers de la ville de Lille, nous trouvons le passage suivant qui peut se passer de commentaires : « Il est certains propriétaires (ceux des » maisons de la rue du Guet) qui font clouer leurs croisées pour qu'on n'en » casse pas les vitres en les ouvrant et en les fermant. »

Non, messieurs; sans quitter nos quartiers, quelquefois même sans sortir de nos maisons, nous pouvons trouver des échantillons de ces tristes demeures; nous n'avons souvent pour cela qu'à visiter ce qu'on nomme à juste titre une *loge* de portier. Situées au niveau du sol, quelquefois même en contre-bas, et par conséquent très-souvent humides, ces loges, dont l'exiguïté pourrait être quelquefois rendue supportable par quelques précautions d'aérage, sont pour la plupart éclairées sur des passages obscurs ou sur de petites cours malpropres, entourées de bâtiments très-élevés. Et pourtant le malheureux qui se résigne à vivre dans ces bouges, ne s'y enferme pas seul; il y entraîne sa famille avec lui; il n'y remplit pas seulement ses fonctions modestes, il y exerce souvent aussi une profession. Quelquefois le père, la mère et plusieurs enfants vivent, travaillent et prennent leurs repas dans un cube d'air à peine suffisant pour une seule personne, dans un trou qu'on ne trouverait pas bon pour loger des chiens. Le dirons-nous, il existe telles de ces loges, et nous en connaissons que nous pourrions citer, qui n'ont pour toute ouverture qu'une porte donnant sur un escalier sans jour et sans air, et dont les pauvres habitants, condamnés à une nuit éternelle, usent leur triste vie à la lueur d'une lampe qu'on n'éteint jamais (1)!

Nous nous arrêtons, messieurs, nous en avons dit assez pour faire comprendre toute l'importance de la question qui nous occupe. Nous n'insisterons pas sur les conséquences funestes d'un tel état de choses, tout le monde les comprend et les déplore; c'est lui, il faut l'avouer pour être juste, qui bien souvent explique, sans les excuser, les désordres malheureusement si fréquents parmi la population pauvre; c'est

(1) Nous ne terminerons pas ce chapitre sans citer quelques lignes écrites par l'un des fondateurs des crèches de Paris, M. le docteur Canuet; son dévouement aux plus pauvres d'entre ceux qui souffrent et le long spectacle qu'il a eu de ces misères, donnent aux paroles de cet homme de bien toute la valeur du plus sûr témoignage.

« Aujourd'hui, dit-il, le *Bouquet-des-Champs* (dans le quartier de » Chaillot, à Paris), est un assemblage de masures que traverse une rue » étroite et tortueuse encombrée d'ordures de toute espèce, et qui affectent » à la fois tous les sens de sensations désagréables. Dans cette rue reniée

pour fuir tant de misère, c'est pour échapper au dur spectacle d'une famille flétrie par tant de privations, que le père s'éloigne du foyer domestique qu'il prend en dégoût, et va contracter au dehors des habitudes de désordre et d'immoralité, dans lesquelles il cherche une distraction, et qui creusent plus profondément encore devant lui l'abîme dans lequel la famille entière finit par se perdre.

« La santé du corps, » dit M. Henry de Riancey (1), « ne reçoit pas de moins tristes atteintes... Tandis que les constitutions les plus robustes s'affaiblissent et s'épuisent, les natures plus délicates s'étiolent et succombent. La phthisie enlève les femmes et les jeunes filles : les scrofules torturent les enfants. C'est avec épouvante et avec horreur que l'on contemple des générations entières décimées et dont les débris languissants, énervés, incapables de fournir au recrutement de nos armées, propagent au milieu de nos grandes cités des types dégénérés et des races abâtardies. »

Nous avons vu, messieurs, quel est l'état des choses; permettez-nous, maintenant, d'entrer dans quelques détails sur les causes physiques qui peuvent produire de si grands maux.

» par l'administration municipale, qui lui a refusé le baptême, quelques » maisons sont sans portes ou sans fenêtres ; d'autres ont des chambres » placées au-dessous du niveau du sol, où l'air se renouvelle à peine, et où » de sales carreaux laissent pénétrer quelques rayons d'un jour douteux. » Là, les habitants, en rapport avec la demeure, sont presque tous chiffon- » niers ; accroupis autour du sale produit de leurs rondes nocturnes, ils » comptent pendant le jour combien il faut d'immondices pour faire une » pièce de 30 sous, et entassent dans tous les coins de leur hideux galetas, » et jusque sous leurs couchettes, des os infects et de vieux linges souillés » de fange, dont les miasmes fétides se répandent jusque dans la rue.

» C'est là, cependant, c'est dans une pareille localité que s'élèvent une » partie des enfants de la division de Chaillot. C'est dans un tel gîte, qui » n'avait pas six pieds carrés, qu'il nous est arrivé de rencontrer une femme » insouciante, et sourde aux cris de deux enfants confiés à sa garde ; ils lui » demandaient sans doute de l'air et de la nourriture, car les malheureux ne » recevaient pas même en quantité suffisante l'air corrompu qu'ils respi- » raient, et l'un des deux est mort de faim ! »

*Rapport médical sur la crèche Saint-Pierre de Chaillot*, Paris, 1846.

(1) *Rapport fait à l'Assemblée nationale sur la proposition de* M. de Melun (du Nord), *relativement à l'assainissement des logements insalubres;* par M. Henry de Riancey, représentant du peuple.

## RECHERCHES SUR LES CAUSES D'INSALUBRITÉ.

### *Causes extérieures indépendantes des habitations.*

Indépendamment des causes naturelles d'insalubrité qui résultent de la situation des lieux, de leur élévation dans la couche atmosphérique qui nous enveloppe, des conditions climatériques dans lesquelles ils se trouvent placés, des influences qu'ils subissent de la part des objets qui les avoisinent, forêts, lacs, marais, fleuves, bruyères, etc. ; causes dont quelques-unes peuvent être modifiées par l'homme, mais qui n'entrent pas dans le cadre de nos travaux, il y a celles que l'homme lui-même apporte fatalement avec lui, celles qui résultent toujours de l'agglomération des individus, quel que soit leur nombre et quelle que soit leur civilisation. Ces causes, très-nombreuses, peuvent engendrer les maladies les plus affreuses; telles sont, en général, les boues qui se forment sur les voies publiques ou qui y sont déposées; les eaux de lavage, les résidus d'aliments, les matières fécales, les fumiers, les immondices de toute espèce, les émanations que produit l'exploitation des arts et métiers, le voisinage des eaux stagnantes, celui des établissements insalubres, la largeur des voies publiques, l'état de leur sol, etc. Causes générales.

Le premier remède à apporter à cet état de choses est d'assurer jusqu'à un certain point l'imperméabilité du sol à sa surface, afin d'éviter l'absorption des matières liquides; le second, de ménager des pentes pour que ces liquides aient un écoulement facile et soient dirigés vers le cours d'eau le plus voisin. Les eaux pluviales, mais surtout les amas d'eaux stagnantes, les liquides putrides qui, faute d'un écoulement convenable, séjournent dans le voisinage des habitations, détrempent le sol, s'y infiltrent, l'empoisonnent et donnent lieu à des émanations délétères qui sont des causes puissantes d'insalubrité. Imperméabilité et déclivité du sol.

Mais il ne suffit pas de faciliter l'écoulement des eaux corrompues, de quelque nature qu'elles soient, il faut débar- Écoulement à découvert des liquides.

rasser complétement les voies publiques de ces causes permanentes d'infection, principalement dans les villes dont le sol n'a pas une inclinaison générale suffisante. Les ruisseaux qui coulent dans nos rues sont tellement dangereux, que les miasmes qui s'en échappent peuvent non-seulement engendrer des maladies de toute espèce, mais augmenter dans une grande proportion la mortalité (1).

Écoulement souterrain des liquides.

L'écoulement à découvert des immondices liquides étant si dangereux, on a recours à des conduits souterrains ou égouts qui vont se rendre à un cours d'eau assez rapide pour transporter au loin ces liquides et en neutraliser les effets. Mais si riche que soit une ville en somptueux édifices, ses habitants songent bien plus à l'embellir encore qu'à la doter de ces précieux monuments dont les fonctions obscures et souvent ignorées protégent leur santé et leurs vies. Quelques riches cités, et notamment Paris, sont déjà en partie pourvues d'égouts; cependant que de villes en France en manquent encore !

Largeur des voies publiques.

Après l'écoulement complet des eaux ménagères et autres, ce qui importe le plus à la salubrité d'une ville, c'est la largeur de ses voies publiques; les rues sont aux villes, ce que les poumons sont au corps humain : plus les poumons sont vastes et mieux ils aspirent l'air nécessaire à l'entretien de la vie. Mais, par malheur, les rues étroites et tortueuses sont partout et toujours en plus grand nombre; ces rues, bordées souvent de hautes maisons élevées en encorbellement, deviennent des réceptacles d'air corrompu; elles sont

(1) Nous trouvons la preuve de ceci dans le rapport sur les travaux du conseil de salubrité de la ville de Paris, pour l'année 1828. On y voit, d'après le relevé comparatif de la mortalité dans la ville de Vincennes, que dans les trois rues vers lesquelles les eaux pluviales et ménagères se réunissaient à cette époque, pour de là se rendre à une mare d'évaporation située dans l'intérieur du parc, la mortalité présentait pour dix ans une moyenne proportionnelle de *un* mort sur *trente* individus, tandis que cette moyenne n'était que de *un* sur *cinquante* dans les autres rues. Observons d'ailleurs que les premières de ces voies publiques étant alors bordées de maisons généralement habitées par des personnes jouissant de plus d'aisance, et ne se trouvant soumises à aucune autre cause particulière d'insalubrité, il fut impossible d'attribuer cette énorme différence dans la mortalité à une autre cause.

humides, froides, malsaines; la ventilation y est presque nulle, le soleil y pénètre à peine et les habitants s'y étiolent. C'est dans ces rues qu'on trouve le plus de phthisies, de scrofules et d'hydropisies (1).

**Ruelles et passages.**

Ce que nous disons des rues peut s'appliquer avec plus de raison encore aux ruelles, aux passages et aux impasses qu'on trouve dans les vieux quartiers; on sait qu'il en existe dont la largeur est à peine d'un mètre, et sur lesquels pourtant les malheureux habitants de ces hideuses sentines puisent l'air qu'ils respirent et qui les empoisonne.

**Nettoiement des voies publiques.**

L'élargissement des rues, leur pavage, la construction des égouts donnent bien, il est vrai, des moyens faciles d'assurer la propreté et par conséquent la salubrité des voies publiques, mais ils n'en sont pas les seules conditions. Deux opérations importantes restent encore à accomplir; le ba-

(1) Ces affreuses choses sont la honte d'une civilisation. Mais veut-on savoir quelles en sont les tristes conséquences? Un des hommes les plus compétents et les plus distingués de la Belgique, M. Ducpétiaux, membre du conseil de salubrité de Bruxelles, qui s'est beaucoup occupé de l'amélioration des habitations de la population pauvre, a fait les observations suivantes, qui jettent un grand jour sur cette partie de la question :

« Si l'on divise, dit-il, la population bruxelloise en deux classes, en rangeant dans l'une les habitants des quartiers les plus favorisés, dans l'autre » ceux qui se trouvent dans les conditions hygiéniques les plus défavorables, on trouve qu'elles sont très-inégalement réparties entre les huit » sections qui composent la ville. La population comprise dans la première » classe est proportionnellement beaucoup plus nombreuse dans les trois » premières sections que dans les cinq autres; occupant 206 rues et places, » sur un nombre total de 510 que renferme la capitale, elle compte » 66,182 habitants; on y constate annuellement 1 mort-né sur 330, et 1 décès sur 29 habitants. Plus de la moitié des décès (54 sur 100) ont lieu » avant l'âge de 5 ans, et près du tiers ont lieu dans les hôpitaux. La population rangée au contraire dans la première classe est de 45,977 habitants; elle ne compte chaque année que 1 mort-né sur 460, et 1 décès sur » 53 habitants..... Si la classe la moins favorisée pouvait, à l'aide de sages » mesures, être ramenée au niveau de la classe aisée en ce qui concerne la » mortalité, on obtiendrait chaque année, dans la seule ville de Bruxelles, » dont la population est de 110,000 âmes, *une économie de* 1,400 *à* » 1,500 *décès!* » (*Projet d'association financière pour l'amélioration des habitations et l'assainissement des quartiers habités par la classe ouvrière à Bruxelles*, par M. Ducpétiaux; Bruxelles, 1846.)

Ces chiffres en disent plus que toutes les phrases.

layage des boues trop épaisses pour s'écouler d'elles-mêmes, et qui deviennent des foyers d'infection, et le lavage de celles qui, séchées et durcies, ne peuvent être enlevées par le balai. Nous ne croyons pas que ce double service soit assez puissamment organisé dans les villes et notamment à Paris ; qu'on nous permette à cet égard quelques mots.

Balayage.

Quant au balayage il est fait, il est vrai, pour les communications de premier ordre, aux frais et par les soins de l'autorité municipale; mais pour toutes les voies moins importantes, c'est-à-dire pour les plus nombreuses et pour celles précisément qui sont les plus accessibles aux miasmes délétères, il est abandonné aux habitants. Cette mesure est à la fois inefficace et injuste ; inefficace grâce à la négligence ou à la paresse des portiers et des locataires riverains ; injuste car les charges de la malpropreté qui est le fait de tous, doivent être supportées par tous. La voie publique appartenant à la communauté, c'est à la communauté de l'entretenir dans l'état le plus convenable pour la circulation et la salubrité ; or il faudrait pour atteindre ce but généraliser un service public qui n'a profité jusqu'à ce jour qu'à quelques quartiers déjà très-privilégiés.

Lavage.

Nous avons dit que le lavage devait compléter cet ensemble de précautions commandées dans l'intérêt de la salubrité publique; en effet, il n'y a pas d'assainissement possible des voies publiques sans lavage à grande eau; mais l'eau qui nous est si généreusement fournie par la nature n'est distribuée par les hommes qu'avec beaucoup de parcimonie, même dans les villes qui, comme Paris, sont traversées par un fleuve considérable (1).

Eaux courantes.

Cependant des eaux abondantes offrent cet avantage qu'elles entraînent avec elles jusqu'aux égouts les boues délayées et les ordures, qui, faute de cet auxiliaire, séjournent trop longtemps sur le pavé des rues ou dans des ruisseaux dont la pente est toujours insuffisante pour leur procurer un écoulement naturel.

Bornes-fontaines.

Disons pourtant que plusieurs de nos villes, et notamment

(1) Plusieurs grandes villes en France sont encore dépourvues de fontaines publiques. Cela paraît incroyable, mais pourtant cela est vrai.

Paris, qu'on ne peut s'empêcher de citer souvent pour exemple, sont maintenant en partie pourvues d'une sorte d'irrigation urbaine qui est un immense progrès en ce genre : nous voulons parler des bornes-fontaines. Malheureusement ces petits monuments sont encore trop rares, même à Paris, et surtout là où ils seraient le plus nécessaire. En effet tandis qu'on trouve ces fontaines en très-grand nombre dans les riches quartiers, la plupart des quartiers pauvres en manquent encore.

On ne saurait trop appeler l'attention des administrations municipales sur un sujet qui intéresse à un si haut point la propreté et la salubrité des voies publiques, et engager ces administrations à adopter ou à compléter ce système de distribution d'eau courante dont le résultat est à la fois de nettoyer et d'assainir le sol, et de purifier l'air des rues en l'agitant sans cesse et en le renouvelant.

Égouts.

Après avoir lavé le pavé fangeux des rues et purgé les ruisseaux, des eaux courantes auraient encore pour effet de contribuer au curage des égouts; car, il ne faut pas l'oublier, ces canaux qui contribuent si puissamment à l'assainissement des villes peuvent devenir aussi, par la négligence, une des causes les plus graves de l'insalubrité publique. Indépendamment des eaux pluviales et ménagères, les égouts reçoivent les liquides provenant des établissements insalubres; dans quelques villes les matières animales et les eaux de lavage des amphithéâtres d'anatomie, des hôpitaux et des abattoirs, et à Paris les matières fécales de certains établissements (1). Si les égouts ont peu de déclivité, et c'est ce qui arrive le plus souvent, les liquides coulent difficilement, les matières que charrient ces liquides s'arrêtent, les plus pesantes se précipitent et s'accumulent au point

Nécessité de les curer.

(1) « A Paris, l'École militaire, l'hôtel des Invalides et l'hospice de la » Salpêtrière, n'ayant pas de fosses d'aisances, envoient dans l'égout qui les » traverse les matières fécales de leur nombreuse population, et font que » la boue de ces égouts ne diffère en rien de ce qui est contenu dans nos » fosses ordinaires. » (Parent-Duchâtelet, *Des cloaques et égouts de la ville de Paris.*)

d'encombrer quelquefois le conduit jusqu'à la voûte, et celles qui se maintiennent à la surface forment une croûte épaisse au-dessous de laquelle s'établit le courant. Or cette croûte conserve au-dessous d'elle des gaz infects qui s'échappent en abondance lorsqu'on vient à la détruire, et ces gaz, quelquefois mortels pour les pauvres gens qui travaillent dans ces cloaques, viennent se répandre dans les rues par les ouvertures des égouts et sont à coup sûr une cause d'infection très-redoutable pour la salubrité publique (1).

**Maisons en bordure sur les voies publiques.**

Mais on ne peut parler des voies publiques sans qu'il soit question des maisons qui les bordent. Un rapport doit exister entre la largeur des unes et la hauteur des autres; deux rues de même largeur étant données, on conçoit que celle dont les maisons seront plus élevées sera par le fait plus étroite que l'autre. Les ordonnances royales et les règlements de voirie qui déterminent la largeur des rues et la hauteur respective des maisons, excellents comme mesures transitoires, nous paraissent insuffisants aujourd'hui. Des maisons de 17 mètres 55 centimètres de hauteur dans des rues d'une largeur minimum de 10 mètres, cela nous paraît hors de toute proportion.

**Rapports actuels de leur hauteur avec leur largeur.**

**Inconvénients de cet état de choses.**

Un des inconvénients les plus graves de cet état de choses, c'est que les habitants des étages inférieurs de certaines rues, masqués par les maisons qui leur font vis-à-vis, sont encore dans une espèce d'obscurité lorsque le soleil est parvenu au plus haut point de son élévation. Qu'on puisse se passer du soleil dans les pays où ses rayons brûlent au lieu de réchauffer, cela se conçoit, mais dans nos climats

(1) « On a pu la voir (cette croûte) au commencement de cette année » (1824) à l'embouchure de l'égout Amelot, dans les fossés de la Bastille, » et juger par l'infection épouvantable qu'elle a répandue dans ces fossés » et dans tout le voisinage, lorsqu'on l'a crevée, de l'effet qu'elle doit pro» duire lorsqu'elle est renfermée dans l'intérieur d'un égout. » (Parent-Duchâtelet, *Idem.*)

Hâtons-nous d'ajouter que ceci, qui était vrai il y a trente ans, quand Parent-Duchâtelet publiait ses études si remarquables sur l'hygiène publique, ne le serait plus aujourd'hui. Le service dont il s'agit a été considérablement amélioré; les égouts de Paris sont maintenant curés régulièrement deux fois par semaine, et ils fonctionnent aussi bien que le permet leur peu de déclivité.

froids ou tempérés, l'action bienfaisante du soleil augmente trop chez nous l'activité organique pour que personne puisse en être privé.

Rapport qui devrait exister entre la largeur des rues et la hauteur des maisons.

Plus les maisons ont d'étages, plus le nombre des habitants en est considérable, plus aussi les chances de viciation de l'air sont nombreuses, et plus par conséquent les causes d'insalubrité sont multipliées sur un même point. Donc, de deux choses l'une : ou il faut augmenter la largeur des rues, ou il faut diminuer la hauteur des maisons. Le Conseil de salubrité de la Seine a déterminé d'une manière précise le rapport qui doit exister entre les unes et les autres : selon lui, la hauteur de la maison la plus élevée doit être égale à la largeur de la rue ; c'est-à-dire que dans une rue de 15 mètres, le maximum de hauteur des maisons qui bordent cette rue doit être également de 15 mètres ; c'est à peu près ce qui est pratiqué à Londres, et tous ceux qui ont visité cette grande ville savent combien l'excellente disposition et les vastes proportions de ses voies publiques, excitent vivement l'admiration des étrangers.

Avec des maisons moins élevées, les cours deviennent relativement plus vastes, les étages inférieurs moins humides, les habitations en un mot mieux éclairées, mieux ventilées, et par conséquent plus agréables et plus saines.

Plantations d'arbres.

Dans l'énumération des causes extérieures d'insalubrité, il faut mentionner les plantations d'arbres trop rapprochées des habitations. En effet, la végétation ne modifie pas toujours les proportions des parties constituantes de l'air dans un sens favorable à la salubrité. Sous l'influence des rayons solaires les parties vertes des végétaux ont la propriété de décomposer l'acide carbonique, de s'en approprier le carbone et d'en restituer l'oxygène à l'atmosphère ; mais au contraire à l'ombre, et à plus forte raison pendant la nuit, ces parties vertes, on le sait, dégagent de l'acide carbonique. De plus, des arbres trop touffus s'opposent à la ventilation, ils répandent l'ombre et l'humidité autour d'eux, et ils ne permettent pas au soleil de sécher la terre et d'en dissiper les émanations. D'où il faut conclure que les jardins, en général salubres, parce que l'espace inhabité qu'ils occupent favo-

Jardins.

rise la libre circulation de l'air, peuvent dans certains cas, et si l'on n'y prend garde, devenir un voisinage dangereux, surtout s'ils sont resserrés entre les murs élevés des maisons qui les entourent.

Telles sont, messieurs, les principales causes extérieures de l'insalubrité des habitations On comprend quelle influence elles doivent avoir sur nos demeures, dont le parfait assainissement ne sera vraiment possible que lorsque les administrations municipales auront pu, de leur côté, réaliser les améliorations que réclame impérieusement l'hygiène publique.

---

## Causes d'insalubrité dépendantes des habitations.

Orientation des maisons.

Une des premières causes de l'insalubrité des habitations, c'est leur mauvaise orientation. On sait, et nous l'avons dit, quelle est l'influence de la lumière solaire : l'organisation animale comme la végétale, se mûrissent et s'élaborent mieux sous le soleil qu'à l'ombre ; l'exposition du nord, au contraire, est froide, triste, souvent humide et par conséquent malsaine.

Influence de la lumière solaire.

M. James Wylie a cité un fait bien remarquable de l'influence salutaire de la lumière solaire : une grande baraque à Saint-Pétersbourg était habitée par un nombre considérable d'individus ; elle avait deux côtés, l'un bien éclairé par le soleil et l'autre toujours à l'ombre ; on remarqua, pendant une série d'années, qu'il y avait constamment trois fois plus de malades dans celui-ci que dans l'autre (1).

« En examinant quatre façades situées dans des expositions différentes », dit M. Léon Vaudoyer dans le mémoire que nous avons cité plus haut, « on pourra recon-

(1) La même remarque a été faite à Paris, il y a bien longtemps, sur deux quais dont l'orientation est diamétralement opposée : le quai des Morfondus (aujourd'hui de l'Horloge) et celui des Orfèvres. Dans les maisons du premier de ces quais, qui sont exposées au nord, la mortalité était deux fois plus grande que dans celles du quai des Orfèvres, qui ont l'exposition du midi.

» naître que celles exposées à l'ouest et au nord ont à » subir une influence funeste de la température, tandis que » sur les autres cette influence est bien moins nuisible, se » trouvant d'ailleurs combattue par l'action salutaire du so- » leil. . . . . . . . »

Situation des édifices.

La situation particulière d'un édifice peut exercer aussi une grande influence sur la salubrité intérieure de cet édifice. On conçoit qu'une maison assise sur un sol inférieur à celui des voies publiques ou des cours et jardins environnants, est d'autant plus humide au rez-de-chaussée que l'humidité constante provenant de son propre sol se trouve augmentée de celle absorbée par la partie inférieure des murs de face dont les parois extérieures sont en contact avec des terre-pleins. La nature du sol peut, d'ailleurs, modifier considérablement les effets de cette situation particulière; ces effets seront d'autant plus funestes que le sol sera plus accessible à l'humidité.

Choix des matériaux.

Le choix des matériaux de construction importe beaucoup aussi à la salubrité des édifices. La première destination d'une maison étant de nous garantir des intempéries, et principalement de l'humidité, du chaud et du froid, la dureté et le degré de résistance des matériaux ne sont pas les seules qualités qu'on en doit exiger; il faut encore savoir à quel point ils sont susceptibles de transmettre l'humidité et le calorique. Il est des espèces de pierres qui absorbent l'humidité de l'atmosphère dans des proportions très-considérables et qui, mises en œuvre immédiatement après leur extraction de la carrière, conservent longtemps leur humidité naturelle, surtout quand elles ont été employées comme moellons.

Propriétés d'absorption de certains matériaux.

Nous n'insisterons pas davantage sur ce point de la question qui nous occupe. Des expériences extrêmement intéressantes ont été faites, par M. Léon Vaudoyer, sur les propriétés d'absorption de pierres de différentes natures, et cette question ayant été traitée *ex professo* par notre habile confrère, nous croyons qu'il reste peu de chose à en dire après lui. On trouvera les résultats de ces expériences dans l'excellent mémoire que nous avons déjà cité et auquel nous prendrons la liberté de faire quelques emprunts dans le cours de ce rapport pour ce qui a trait aux moyens de prévenir ou de faire cesser l'humidité dans les bâtiments, moyens qui ne consistent pas seulement, on le sait, dans le choix de matériaux qui sont toujours plus ou moins hygrométriques, mais encore et surtout dans l'emploi plus ou moins judicieux de ces matériaux.

Profondeur des maisons.

Nous avons dit quels sont les inconvénients de la hauteur démesurée des maisons; leur trop grande profondeur peut devenir aussi une cause grave d'insalubrité; lorsque les bâtiments ont plus de profondeur qu'il ne faut pour deux pièces, on en fait d'intermédiaires qu'on éclaire tant bien que mal par des seconds jours : ces pièces manquent de lumière; la ventilation ne s'y établit qu'imparfaitement, et elles sont presque toujours tristes et malsaines.

Cours.

Les cours, qui contribuent si puissamment à l'assainissement des habitations, quand elles ont une surface suffisante, deviennent la plupart du temps des foyers d'infection pour les maisons. Destinées comme les voies publiques à distribuer dans les appartements l'air et la lumière, elles devraient en quelque sorte être plus larges que ces dernières, puisque les bâtiments qui les entourent s'opposent à ce que l'action des vents puisse, comme dans les rues, renouveler l'air atmosphérique en le chassant d'une extrémité à l'autre. Mais trop souvent les cours sont étroites, profondes, obscures, malpropres; l'air déjà vicié par mille causes s'y trouvant en état de stagnation, devient lourd, infect, méphitique, et c'est sur de pareils cloaques que souvent on alimente d'air atmosphérique des pièces qui n'ont pas un accès direct sur les rues. Cependant, il faut le dire, nous ne pensons pas qu'il soit possible de remédier entièrement à ce mal; tout en émettant le vœu que les cours aient au moins en largeur et en longueur la hauteur des bâtiments qui les bordent, nous reconnaissons que, même dans l'intérêt de la salubrité, il y aurait de graves inconvénients à fixer pour cet objet un minimum de surface; mieux vaut peu de cour que pas de cour, et il arriverait certainement que pour ne pas faire de trop petites cours, certains constructeurs, éludant la loi, n'en feraient plus du tout.

Doit-il exister un rapport entre la surface et la hauteur des bâtiments.

Mais une amélioration bien désirable et qu'on peut prescrire sans danger, c'est que les cours de petites dimensions ne puissent être couvertes, à quelque hauteur que ce soit, par des châssis vitrés, fermant plus ou moins hermétiquement, qui ont pour effet d'enfermer l'air corrompu comme dans une boîte, et de s'opposer complétement à la ventilation principale de la maison. Cours couvertes.

Toutefois cette prescription serait peut-être bien sévère si elle était absolue; en effet, s'opposer dans tous les cas à ce qu'une cour pût être convertie en arrière-boutique ou en magasin, ce serait porter un grave préjudice à la propriété dans les quartiers les plus particulièrement recherchés par le commerce. Ajoutons donc que les cours couvertes pourraient être autorisées quand le renouvellement de l'air de ces cours et de leurs avenues serait assuré par d'autres moyens de ventilation.

Ce qu'il faut surtout exiger pour les petites cours, c'est le pavage de leur sol. Quand on pense, que dans la plupart des maisons les plus pauvres, et par conséquent les plus mal tenues, la cour, qui est le réceptacle des immondices de toute espèce, n'est pas même pavée; que les eaux pluviales et ménagères, au lieu de trouver un écoulement constant et facile jusqu'à la voie publique, sont absorbées par le sol et y perpétuent l'infection et l'humidité, on ne s'étonne pas que ce soit dans ces lieux que naissent et sévissent avec plus de violence certaines maladies épidémiques, qui désolent ensuite des cités entières. Imperméabilité du sol des cours.

Il ne suffit pas d'ailleurs de rendre imperméable le sol d'une cour, il faut encore que ce sol, supérieur en niveau à celui de la rue, offre une pente suffisante pour l'écoulement des liquides, de façon que les eaux ne puissent séjourner ni dans les ruisseaux, ni dans les passages de porte-cochère, ni dans les allées. Pour que ces eaux, déjà chargées d'impuretés, ne se corrompent pas davantage, il faut les chasser au plus tôt jusqu'à la voie publique. Déclivité du sol des cours.

Nous savons bien que l'incurie, le manque de soin des propriétaires et locataires sont trop souvent la cause de l'insalubrité de certaines maisons, mais la raison principale de Conditions de nettoiement.

cette incurie et de ce défaut de soin, c'est encore et toujours le manque d'eau. En effet, le balayage ici est aussi insuffisant que dans les rues; ce n'est que par des lavages fréquents qu'on peut convenablement nettoyer et assainir; mais par malheur l'eau est rare dans les habitations, même dans les contrées où elle abonde. Nous avons visité un assez grand nombre de maisons situées dans les quartiers les plus pauvres de Paris et nous avons pu constater que non-seulement l'eau potable y manque absolument, mais que la plupart de ces maisons ne possèdent pas même de puits. Comment donc exiger du malheureux habitant de ces masures le lavage d'une cour commune ou d'un ruisseau quand il est obligé d'acheter quelquefois fort cher l'eau nécessaire à sa vie et à celle de ses enfants?

Rareté de l'eau dans les habitations.

Puits.

Doit-on rechercher leurs eaux pour l'alimentation?

Nous ne conclurons pas pourtant de ceci qu'il faille se hâter de creuser des puits partout où il en manque; qu'on ait recours à ce moyen primitif de se procurer l'eau nécessaire aux besoins de la vie, quand la situation topographique d'un lieu, ou le manque de ressources d'une administration municipale y obligent, cela se conçoit; mais autrement à quoi bon creuser des puits à grands frais et faire monter à force de bras à la surface du sol, des eaux souterraines et stagnantes, dans des villes traversées par un fleuve et assez riches d'ailleurs pour fournir à tous une eau de rivière toute imprégnée d'air atmosphérique?

D'un autre côté, s'il est vrai de dire que dans les campagnes l'eau des puits est presque toujours d'assez bonne qualité pour servir à l'alimentation, on sait qu'il n'en est pas ainsi dans les grands centres de population dont le sol est ordinairement détrempé par des infiltrations plus ou moins infectantes et dangereuses. En veut-on la preuve? L'eau des puits de Paris, dit Parent-Duchâtelet, a été si gravement détériorée par suite de la multiplication des puisards et de l'établissement des fosses d'aisances, c'est-à-dire depuis François Ier, qu'elle forme sur la nappe générale une véritable tache sur laquelle on en pourrait distinguer une foule d'autres plus foncées, provenant des causes locales d'infection, et qui rendent impropre aux lavages ordinaires cette eau qui était excel-

Eau des puits de Paris.

lente il y a quelques siècles puisqu'elle servait de boisson aux Parisiens.

Distribution des eaux.

Quand une administration municipale a fait établir à grands frais tout un immense réseau de conduits souterrains qui peuvent distribuer l'eau dans tous les quartiers, dans toutes les rues d'une cité, pourquoi chaque maison n'aurait-elle pas son filet d'eau courante, chaque habitant, si pauvre qu'il soit, sa ration d'eau salubre? L'eau étant aussi nécessaire à la vie que l'air que nous respirons, pourquoi nous serait-elle mesurée avec tant de parcimonie? Une ville bien administrée doit pouvoir fournir à toute sa population de l'eau non-seulement de bonne qualité, mais encore en quantité considérable; en fait d'eau, le luxe c'est le nécessaire. Une seule ville a, sous ce rapport, grandement compris sa mission : c'est New-York; elle a conduit dans son enceinte une rivière qui fournit à ses habitants quatre fois plus d'eau que n'en possèdent les populations de Paris et de Londres, et pourtant cette rivière n'est ni la Seine ni la Tamise.

Les villes devraient fournir l'eau gratuitement à leurs administrés.

Mais il ne suffit pas qu'une ville ait à sa disposition une grande quantité d'eau salubre, il faudrait, ne craignons pas de le dire, qu'elle pût l'envoyer gratuitement dans chaque maison, ou au moins qu'elle la vendît à si bon marché que les propriétaires eussent intérêt à la lui acheter. Malheureusement, ce n'est pas ce qui a lieu dans l'état actuel des choses; loin de donner l'eau pour rien à leurs administrés, les villes la leur vendent à un prix qui n'est abordable que pour le petit nombre. Qu'une concession d'eau soit payée, comme à Paris, 75 francs par an pour une maison d'une certaine importance, passe encore; mais pour des masures comme il y en a tant, dont le revenu annuel atteint à peine quelques centaines de francs, cette dépense serait un sacrifice impossible. Ce prix doit être mis à la portée de toutes les fortunes; il ne faut pas que la possession des quelques litres d'eau nécessaires à la consommation d'un homme puisse avoir l'air d'un privilége.

Abaissement du prix des concessions d'eau.

Cette réforme d'ailleurs, loin de diminuer les ressources financières des villes, les augmenterait considérablement; on sait dans quelle proportion s'accroît le nombre des demandes lorsque le prix des objets de consommation diminue. Qu'à

Paris, par exemple, le prix d'une concession d'eau, fixé à 75 francs, soit réduit à 25, et nous sommes persuadés qu'avant peu l'eau de la Seine arrivera jusque dans les plus humbles demeures.

Il y a mieux, c'est qu'abaissée au prix modique de 25 fr. la concession d'eau pourrait être rendue obligatoire pour tous les propriétaires parisiens et que la ville qui ne peut utiliser aujourd'hui qu'une faible partie de l'eau qui remplit ses réservoirs, la débiterait alors en totalité et, accroissant dans une grande proportion cette branche de son revenu, récupérerait enfin les sommes énormes qu'elle a déjà dépensées pour ce service.

Puisards. — Leurs dangers.

Dans certaines cours dont le sol est inférieur à celui de la rue, les eaux pluviales ne pouvant s'écouler jusqu'à la voie publique, sont recueillies dans des puisards d'où elles s'infiltrent dans les terres à travers les murs perméables de ces puisards. Mais, pour qu'un puisard fonctionne convenablement, il faut n'y envoyer que des eaux incapables par leur limpidité d'obstruer les interstices de ses parois; il ne faudrait pas, par exemple, y diriger les eaux de savon, car « le savon que ces eaux contiennent en dissolution, réagissant » sur certains éléments du sol, donnent lieu à des savons à » base terreuse ou métallique qui rendent les puisards » promptement étanches; les eaux restent alors à la surface » du sol et y forment des mares dont l'infection se répand » dans tout le voisinage..... (1). »

Ajoutons que les puisards, dont le voisinage est si insalubre, sont aussi une cause permanente d'humidité, c'est-à-dire de ruine pour les fondations des bâtiments environ-

Les puisards doivent être prohibés.

Il faut espérer que les autorités municipales, suffisamment armées par la nouvelle législation, ne tolèreront plus l'existence de réceptacles si compromettants pour la santé publique, et qu'elles s'opposeront à ce qu'il en soit établi de nouveaux. A Londres, des canaux partant de chacune des maisons d'une rue conduisent souterrainement dans l'égout

(1) *Rapports généraux sur les travaux du conseil de salubrité de la Seine.*

non-seulement les eaux ménagères, mais les matières fécales; personne n'a le droit de faire écouler ses immondices sur la voie publique. Pourquoi ce qui est la règle dans cette ville ne deviendrait-il pas au moins chez nous l'exception? Quand le sol d'une maison et de ses dépendances n'offre pas une pente suffisante pour l'écoulement naturel des eaux jusqu'à la voie publique, ne devrait-on pas imposer au propriétaire l'obligation de se débarrasser de ses immondices autrement qu'en infectant son voisinage? Ne pourrait-on pas, par exemple, l'astreindre à faire établir chez lui un conduit souterrain communiquant directement avec l'égout de la rue? Quant aux puisards des maisons bordant des rues non encore pourvues d'égouts, puisqu'il n'est pas possible de les supprimer, nous croyons que lorsqu'ils sont susceptibles de recevoir d'autres liquides que les eaux pluviales, ils devraient être entièrement assimilés aux fosses d'aisances, c'est-à-dire avoir des parois parfaitement étanches, un système de ventilation continuelle et être assujettis à des vidanges périodiques, opérées comme celle des fosses sous la surveillance de la police.

Moyen de les supprimer.

Au nombre des causes d'insalubrité des habitations il faut ajouter le séjour trop prolongé d'immondices susceptibles de se putréfier à l'air, et surtout les amas de fumiers dont les émanations répandent une odeur à la fois incommode et malsaine. Il résulte d'observations faites dans le voisinage des terrains affectés particulièrement à la culture des légumes, qu'au printemps et à l'automne, les fièvres intermittentes y sont plus nombreuses qu'ailleurs.

Amas d'immondices.

Mais la cause d'insalubrité la plus grave pour nos habitations, celle dont les effets sont les plus immédiats et les plus malfaisants, ce sont les fosses d'aisances.

Fosses d'aisances.

Un temps viendra certainement, messieurs, et ce temps n'est peut-être pas très-éloigné, où l'on ne voudra pas croire qu'en plein dix-neuvième siècle et dans le pays où, sans contredit, on a le plus fait pour l'amélioration et le confort du chez-soi, on ne voudra pas croire, disons-nous, qu'on ait pu tolérer si longtemps, au centre même des habitations, ces réservoirs souterrains où viennent s'accumuler chaque jour

Leur état actuel.

et pendant plusieurs années les matières les plus dégoûtantes et les plus infectes. Bien plus, ces dépôts immondes, placés dans les conditions les plus favorables à la fermentation, dégagent des gaz délétères qui, grâces aux ramifications naturelles qu'ont les fosses avec chaque étage d'une maison, viennent jusque dans nos appartements révolter notre odorat et corrompre plus ou moins l'air que nous respirons.

Améliorations dans le système des fosses fixes.

On a beaucoup fait sans doute depuis trente ans pour l'amélioration des fosses d'aisances, celles construites à Paris depuis cette époque ne devant plus communiquer avec la nappe d'eau inférieure au sol et perdre ainsi leurs matières liquides, l'eau des puits s'est améliorée et l'infection du sol est moins grande; mais ce qu'on a gagné d'un côté a été perdu de l'autre; les fosses conservant aujourd'hui une plus grande quantité de matières liquides, la fermentation est devenue plus active, les émanations plus intenses et plus dangereuses. Il faudrait, pour améliorer cet état de choses, ou empêcher la production des gaz, ce qui est impossible, ou diriger ces gaz jusqu'au-dessus des habitations, ou enfin les neutraliser dans la fosse même au moment où ils se produisent.

Insuffisance du mode actuel de ventilation des fosses.

A Paris, la police exige que les fosses d'aisances soient pourvues d'un tuyau d'évent placé parallèlement au tuyau de chute. Ce tuyau, destiné à évacuer les gaz produits par les matières, s'élève jusqu'au faîte de la maison; il constitue, avec le tuyau de chute, l'appareil de ventilation d'une fosse; mais cela peut-il suffire pour assainir ces dépôts infects? Assurément non. La ventilation naturelle peut s'établir, il est vrai, dans une pièce quelconque fermée de toute part lorsque les parois de cette pièce sont percées de deux orifices; mais il faut pour cela que chacun de ces orifices corresponde avec un autre débouchant à l'extérieur, et ce n'est pas ce qui a lieu dans les fosses telles qu'elles sont établies, puisque le tuyau de chute a son orifice supérieur dans un cabinet d'aisances et n'a, par conséquent, de communication qu'avec l'intérieur.

Améliorations proposées.

Pour établir une ventilation convenable, il faudrait faire monter le tuyau d'évent intérieurement dans le voisinage des cheminées de cuisine, et extérieurement à l'exposition du midi. Ainsi placé, ce tuyau, dans lequel l'air serait dilaté par la chaleur produite ou par les rayons solaires, pourrait aspirer les fluides gazeux contenus dans la fosse, et assurer leur ascension jusqu'à l'extérieur. C'est le contraire qui a lieu aujourd'hui. Le tuyau de chute étant toujours placé à l'intérieur, c'est-à-dire dans un milieu dont la température est ordinairement plus élevée que celle de l'atmosphère, c'est lui qui fait appel aux gaz pour les répandre dans les habitations, si un obturateur très-hermétique ne met obstacle à leur entrée dans le cabinet.

**Les fosses sont une cause puissante de ruine pour les édifices.**

Les fosses d'aisances ne sont pas seulement une cause grave d'infection pour nos demeures, elles sont aussi une cause puissante de ruine pour les édifices. Les fosses, disent les règlements de police, doivent être garanties de toute infiltration; cela est bien, mais sur cent fosses combien en pourrait-on trouver qui fussent en état de conserver intégralement toutes leurs matières? fort peu sans doute, et il faut le reconnaître, celles même qui sont établies dans les meilleures conditions d'imperméabilité ne sauraient résister longtemps à l'action corrosive et à la pression considérable des masses de matières stercorales qu'elles sont destinées à contenir. Aussi rien n'est-il plus commun que les fuites des fosses d'aisances, et d'autant plus qu'au nombre de celles qui ne peuvent être attribuées qu'à la seule force des choses, il faut ajouter celles qui sont le fait de certains propriétaires, très-coupables sans doute, mais aussi trop directement intéressés à éloigner les époques de vidange, qui se traduisent toujours pour eux en dépenses d'argent plus ou moins considérables.

**Elles perdent encore leurs matières.**

**Insuffisance des règlements de police à cet égard.**

Les règlements de police, on le voit, sont impuissants contre les dangers de toute sorte qu'offre le séjour prolongé des matières fécales dans les fosses d'aisances. On doit, il est vrai, aux tentatives nombreuses faites depuis quelques années des améliorations très importantes dont il faut tenir grand compte à leurs auteurs; mais en définitive il ne s'agit pas seulement d'atténuer les effets d'un état de choses aussi fâcheux, il faut empêcher qu'ils se produisent, et l'on n'y parviendra qu'en remontant aux causes elles-mêmes pour

Causes principales de la production des gaz délétères.

les neutraliser ou pour les détruire. Or, une des causes principales de la production des gaz délétères qui se dégagent des matières fécales, étant moins encore l'accumulation de ces matières, que la fermentation qui résulte du mélange dans une certaine mesure des parties liquides et des parties solides, on conçoit que séparer ces deux éléments, c'est détruire à l'avance les effets redoutables de leur combinaison (1).

Fosses mobiles.
—
Séparation des matières.

Cependant la séparation des matières et, si l'on veut, la substitution des fosses mobiles aux fosses fixes ne pourraient remédier qu'à une partie des inconvénients. L'emploi des fosses mobiles dispense, il est vrai, de l'insalubre et dangereuse opération de l'extraction des matières; ce système offre encore cet avantage que les matières séjournent moins longtemps et en moins grande quantité dans les récipients, mais les principes d'infection étant les mêmes que dans les fosses fixes, les gaz résultant de la fermentation peuvent toujours se produire, et ces gaz, qui dans l'état des choses ne peuvent avoir d'autre issue que par le tuyau de chute, n'arrivent pas moins jusqu'à nos appartements.

Réforme du système actuel.

Il restait quelque chose à trouver pour arriver au parfait assainissement des habitations en ce qui tient aux fosses d'aisances, et ce quelque chose dont la découverte pourrait passer pour une des plus utiles de ce temps-ci, c'est

(1) «La première idée d'une séparation complète des matières liquides » d'avec les matières solides, » dit Parent-Duchâtelet (*Hygiène publique*, tome II, page 357), «appartient à un architecte nommé Giraud; cet » homme de génie publia ses observations en 1786, époque à laquelle on » ne rêvait que perfectionnements et améliorations sociales. Son projet n'é- » tait autre chose que l'établissement, dans la fosse ou dans les caves, de » réservoirs en bois recevant les matières solides et liquides, d'où ces der- » nières s'écoulaient par un robinet dans un second vase placé au-dessous. » Giraud eut le sort de la plupart des inventeurs, on le prit pour un rêveur, » et ses plans restèrent en projet; . . . . . . . . . . . . . . .
» Plus tard d'autres s'emparèrent de ses idées, s'en proclamèrent les au- » teurs, et sans dire un mot de Giraud, furent assez heureux pour les » faire fructifier. . . . . . . . . . . . . . . . . . . . . . .
» A peu près dans le même temps, c'est-à-dire vers 1788, un nommé » Gourlier, architecte de Versailles, considérant que toutes les fosses de » cette ville étaient étanches et contenaient une très-grande quantité de » matières liquides, proposa au gouvernement d'y apporter une modifica-

*la désinfection des matières fécales au moment de leur émission.* Vers 1835, MM. Payen et Dalmont, architectes, prirent un brevet d'invention pour un appareil destiné à séparer les matières solides des liquides, et à désinfecter en même temps ces matières par la projection à leur surface d'une poudre absorbante. Des savants et des industriels, encouragés par ce nouveau pas fait dans la voie du progrès, firent de nouvelles recherches, et l'on peut dire qu'aujourd'hui le problème semble devoir être bientôt résolu.

Désinfection des matières et séparation des solides des liquides.

Plusieurs systèmes qui diffèrent peut-être dans les moyens d'application, mais dont le principe est le même, se disputent en ce moment la faveur du public et des administrations. Il ne nous appartient pas de désigner ici ceux de ces systèmes qui nous paraissent les plus recommandables, c'est le temps qui se chargera de ce soin quand l'expérience aura prononcé sur la valeur respective de chacun d'eux; disons seulement que les améliorations promises dépasseraient, si elles se réalisaient, toutes les espérances. En voici l'énumération :

Améliorations promises.

1° Inodorité complète des habitations au sujet des matières fécales.

2° Inodorité complète dans l'extraction et le transport de ces matières.

» tion importante; elle consistait en une cloison transversale séparant la » fosse en deux parties; l'une de ces parties, située au-dessous du conduit » de décharge, devait recevoir et conserver dans sa capacité les matières » solides, tandis que l'autre était destinée aux matières liquides, que » l'on pouvait amener sur le sol et enlever à volonté au moyen d'une » pompe.....

» Cette idée de séparer dans la fosse même, à l'aide d'un diaphragme, » les différentes matières qui tombent, » ajoute Parent-Duchâtelet, « quelque » simple qu'elle soit au premier aspect, n'en est pas moins remarquable..... » Elle peut contribuer un jour aux améliorations qui s'introduiront certai» nement dans tout ce qui regarde le système des vidanges. »

En effet, les découvertes de Giraud et de Gourlier devaient être le point de départ d'une réforme radicale. En 1818, un M. Cazeneuve, s'appropriant l'idée de ses devanciers, proposa un mode de séparation qui fut soumis à l'examen de l'Institut et de la Société centrale d'agriculture. Des commissions nommées par l'Institut et par la Société d'agriculture s'accordèrent sur les éloges que méritaient le système proposé, mais les noms des architectes Giraud et Gourlier ne furent pas même prononcés.

3° Inodorité complète aussi des dépôts de ces matières à l'extérieur, dépôts qui aujourd'hui sont si incommodes pour leur voisinage.

4° Transformation immédiate de ces matières en un engrais remplissant les meilleures conditions possibles puisque son analyse produit en moyenne de 2.80 à 2.90 p. 0/0 d'azote, tandis que ce qui existe donne de 1.60 à 1.70 p. 0/0.

5° Économie sur les frais qu'occasionne le mode actuel de vidange.

6° Enfin, suppression complète des fosses d'aisances.

Ce qui peut se résumer ainsi : salubrité, économie, utilité publique.

L'existence des fosses fixes est un obstacle à l'abondance des eaux dans les habitations.

A toutes ces considérations nous en ajouterons une dernière qui n'est pas la moins importante. Nous avons déjà dit combien l'eau est rare dans la plupart des maisons de Paris; on sait à quel point l'abondance de ce liquide importe à la santé publique, à la salubrité des habitations, et en cas d'incendie à la sûreté générale. Eh bien nous sommes persuadés que le plus grand obstacle à ce que les demandes de concession deviennent plus nombreuses, est moins encore le prix de l'abonnement que l'existence des fosses d'aisances. Beaucoup de propriétaires qui consentiraient volontiers à doter leur maison d'une eau saine et abondante reculent devant l'idée que cette eau, mise à la disposition de locataires qui ne seront plus obligés de se la procurer à prix d'argent, s'écoulera en grande partie dans la fosse, et aura pour résultat de multiplier le nombre des opérations de vidange, c'est-à-dire, d'occasionner une dépense que le propriétaire ne fait jamais qu'avec la plus grande répugnance.

Ainsi l'état actuel de nos fosses d'aisances est peut-être la principale cause de la pénurie d'eau de certaines maisons. Que les fosses soient supprimées, et assurément les propriétaires, plus désireux que personne d'ajouter aux avantages et aux agréments de leurs locations, s'empresseront d'adopter une mesure qui n'aura plus pour eux des conséquences aussi onéreuses.

Nécessité d'améliorer ce qui existe.

Cependant, messieurs, il ne faut pas oublier que la marche du progrès doit être lente pour être bien assurée et que les améliorations, même les plus désirables, ne sont pas l'œuvre d'un jour; aussi nous paraît-il présumable que la suppression des fosses d'aisances, si importante qu'elle soit pour la salubrité, ne sera peut-être complétement réalisée que dans un avenir encore éloigné. En attendant il faut rendre supportable ce qui existe, et à ce sujet permettez-nous, messieurs, de vous signaler quelques réformes qu'il serait facile de réaliser et dont le résultat, croyons-nous, serait déjà une grande amélioration.

La surveillance exercée sur les fosses est insuffisante.

La police ne s'occupe ordinairement de l'état d'une fosse que lorsqu'il lui a été fait pour cette fosse une déclaration de vidange; il suit de là que tant qu'une fosse n'a pas besoin d'être vidée, elle échappe aux investigations de l'autorité. Or, il y a des fosses, et ce sont les plus dangereuses, qu'on ne vide que tous les dix, quinze, vingt ans, et quelquefois plus rarement encore, puisqu'il en existe à Paris, dans des maisons qui datent de plus de soixante ans, qui n'ont pas encore été vidées. Ces fosses qui sont en communication avec la nappe d'eau des puits écoulent par leur sol non-seulement les liquides qu'elles reçoivent, mais la portion considérable de solides que ces liquides s'assimilent et qu'ils entraînent avec eux.

Nécessité d'un recensement général des fosses.

Il n'est pas possible que la police tolère plus longtemps cet état de choses; nous croyons qu'il faudrait procéder sans délai au recensement général des fosses d'aisances, et que celles pour lesquelles il n'a pas été fait de déclaration de vidange pendant un laps de temps jugé nécessaire pour qu'elles aient pu être remplies, que celles-là, disons-nous, devraient être vidées d'office, visitées avec soin par les agents de l'administration, et détruites s'il y avait lieu ou reconstruites conformément aux règlements de police.

Tuyaux de chute des matières.

Les tuyaux de chute des fosses d'aisances sont aussi très-souvent une cause d'insalubrité pour les habitations; l'humidité produite par le passage des matières s'échappe par les joints de raccord, se communique aux plâtres dont on enveloppe ordinairement ces tuyaux, et gagne les murs auxquels ils sont adossés. Quand ces tuyaux sont en poterie, leurs joints étant plus nombreux que ceux des tuyaux en fonte; les inconvénients sont d'autant plus graves, et de plus lorsqu'ils sont obstrués et qu'on y introduit la sonde pour les déboucher, les poteries trop faibles ne résistent pas à l'opération du sondage, et celles qui se trouvent brisées occasionnent des filtrations qui ont à la fois pour effet de répandre l'infection autour d'elles et de dégrader les bâtiments.

Cabinets d'aisances.

Les cabinets d'aisances étant en communication directe avec la fosse par le tuyau de chute en propagent bien vite les émanations fétides dans l'intérieur des habitations, si l'on ne fait pas tout pour l'empêcher. Dans les maisons habitées par les classes aisées, on est parvenu à rendre les siéges d'aisances à peu près inodores, mais on n'a pu arriver à ce résultat qu'au moyen d'appareils trop coûteux, et qui surtout exigent trop de soins pour convenir à des cabinets fréquentés par plusieurs locataires, ou communs à toute une maison, cabinets que tout le monde salit et que personne ne nettoie. Dans ces réduits infects, non-seulement l'orifice du siége offre un libre passage aux gaz délétères de la fosse, mais il arrive souvent, que les cabinets eux-mêmes sont sans communication avec l'air extérieur, qu'ils n'ont quelquefois qu'une ouverture, et que souvent cette ouverture débouche tout simplement sur l'escalier. Enfin dans certaines maisons mal tenues, l'infection pénètre jusque dans les pièces habitées et transforme en poison l'air déjà vicié qu'on y respire. On peut dire alors que, dans ces maisons, la fosse n'est plus seulement au fond des caves; mais qu'elle est partout.

Tuyaux de descente des eaux ménagères.

Les tuyaux de descente des eaux ménagères sont presque toujours une cause d'insalubrité pour les habitations. Ces tuyaux s'encrassent facilement et les dépôts qui se forment sur leur paroi intérieure donnent lieu à des émanations fétides qui se répandent nécessairement dans les appartements dès qu'on débouche l'orifice supérieur du tuyau, c'est-à-dire toutes les fois qu'on veut faire écouler les eaux des éviers. Mais ces inconvénients déjà très-graves le sont plus encore quand les tuyaux correspondent à des cuvettes placées à l'intérieur et destinées à l'usage commun de plusieurs locataires; ces cuvettes, privées d'obturateur, laissent incessamment s'échapper dans la cage d'escalier où elles sont ordinairement placées, les gaz produits par la putréfaction des matières amassées dans les tuyaux. Dans les maisons qui n'ont pas de cabinets d'aisances à chaque étage, et à plus forte raison dans celles qui n'ont pas même de fosse, ces cuvettes reçoivent en outre les matières fécales et les urines et deviennent ainsi de véritables latrines que les fréquents engorgements des tuyaux et la négligence des locataires rendent quelquefois plus infectes et plus dangereuses que les autres.

On doit tout faire, messieurs, pour que d'aussi terribles agents de corruption soient proscrits de nos demeures ou au moins pour qu'ils ne puissent nuire à la santé de ceux qui sont forcés de vivre dans leur voisinage. Mais quoi qu'on fasse, on ne peut empêcher que là où il y a agglomération d'hommes il y ait en même temps altération de l'air atmosphérique ; il ne suffit donc pas de chercher à diminuer les causes de viciation de l'air, il faut aussi, quand ce fluide est altéré, ou lui rendre sa pureté primitive (1), ou, ce qui est plus facile, s'en débarrasser par le renouvellement, c'est-à-dire par la ventilation. Ventilation.

Mais nous voici arrivés, messieurs, à une question bien délicate, et, convaincus que nous sommes de notre insuffisance pour la résoudre, ce n'est qu'avec beaucoup de réserve que nous nous décidons à l'aborder.

La ventilation, cette science devenue indispensable pour l'architecte, n'a pas toujours eu l'importance que lui ont donné les modifications profondes qui se sont introduites dans nos mœurs et par conséquent dans notre architecture domestique. Nos pères, qui n'avaient pas les mêmes raisons que nous pour économiser la place, mesuraient largement l'air et l'espace dans leurs maisons ; les appartements étaient vastes et bien percés ; les fenêtres régnaient du haut en bas Cette science est devenue indispensable pour l'architecte.

(1) On sait quelle est la composition normale de l'air : 100 parties sont formées des éléments suivants : 20,81 d'oxygène, et 79,19 d'azote ; ou 23,01 d'oxygène en poids, 76,99 d'azote. On y trouve en outre, un demi-millième environ de gaz acide carbonique.

des étages; les cheminées et leurs conduits étaient immenses; tout en un mot dans l'habitation, et surtout dans l'habitation de luxe, contribuait par le grandiose de ses proportions à procurer à l'homme dans sa demeure, des cubes d'air surabondants et surabondamment renouvelés. Mais tout est bien changé aujourd'hui; loin de donner à l'homme la masse d'air respirable qu'il doit avoir autour de lui pour vivre, on lui mesure rigoureusement la place nécessaire pour loger sa personne; on superpose les étages et les individus à l'infini; on entasse des familles entières dans des réduits à peine suffisants pour contenir une personne, et c'est à ce point, que chaque chambre habitable ne sera bientôt plus, si l'on peut s'exprimer ainsi, que l'alvéole de son locataire; en un mot, nos devanciers semblent avoir bâti pour des géants, et nous bâtissons, depuis vingt ans, comme pour loger des Lilliputiens.

Nous ne voulons pas pourtant faire le procès à notre époque; elle est forcée d'obéir, comme tout dans ce monde, à des nécessités fatales dont elle ne saurait s'affranchir, et cette loi de rapetissement général de nos demeures, qui en est la preuve, est trop puissamment motivée par l'état actuel de notre civilisation pour qu'on n'ait rien de mieux à faire que de s'y soumettre.

Mais il faut le dire, en même temps que les choses se sont rapetissées, notre tâche comme constructeurs est devenue plus grande. Il faut aujourd'hui que l'architecte ait à sa disposition une puissance quelconque qui lui permette de fournir à l'homme, réduit à vivre dans un petit espace, une quantité d'air beaucoup plus grande que celle contenue dans cet espace, c'est-à-dire ce qui est nécessaire à l'entretien des forces et à la conservation de la vie. En d'autres termes, l'architecte doit pouvoir renouveler dans une juste mesure l'air que l'homme a vicié par sa présence et qu'il ne peut plus respirer sans danger; il faut que sa science regagne le terrain que des raisons d'encombrement et d'économie ont fait perdre.

**L'homme vicie l'air qui l'environne.**

Nous avons dit que la présence de l'homme suffit pour altérer l'air atmosphérique; en effet, l'homme vicie l'air qui l'environne par la respiration et la transpiration (1). Des expériences extrêmement curieuses ont été faites à ce sujet; la science a cherché à déterminer d'une manière précise et à traduire en chiffres la nature et l'importance de ces modifications; mais nous ne suivrons pas les savants dans leurs recherches et dans leurs calculs, ce serait nous écarter de la route qui nous est tracée.

Expériences faites à ce sujet.

Nous dirons pourtant après MM. Dumas et Péclet, et seulement à titre de renseignement, qu'il résulte d'expériences faites, que 6 mètres cubes d'air, par personne et par heure, sont nécessaires à l'assainissement des lieux habités, pour obvier aux effets produits par la respiration et la transpiration. D'où il suit qu'un homme pourrait vivre pendant une heure dans une pièce contenant 6 mètres cubes d'air, et qui serait hermétiquement close de toutes parts, sans qu'il éprouvât de gêne dans l'acte de la respiration; au delà de ce terme l'oxygène étant en partie absorbé, le jeu des poumons deviendrait difficile, et l'aspiration n'apporterait plus aux organes respiratoires qu'un fluide empoisonné qui ne tarderait pas à donner la mort (2).

Opinion de MM. Dumas et Péclet.

(1) Les changements que l'air éprouve dans la respiration consistent principalement : 1° dans la disparition d'une partie de l'oxygène de l'air; 2° dans la formation de l'acide carbonique; 3° dans les variations qu'éprouve l'azote dans ses proportions; 4° dans le dégagement d'une certaine quantité d'eau en vapeur qui accompagne l'air qu'on respire. La transpiration modifie l'air en ceci que les vapeurs émises par le corps de l'homme ne se dissolvent qu'en partie dans l'air, et que les matières animales qu'elles contiennent et qui restent en suspension dans le fluide atmosphérique, lui communiquent une mauvaise odeur, qui est une cause puissante d'insalubrité.

(2) L'exemple suivant prouve la rapidité avec laquelle l'air peut être vicié dans certaines circonstances, et les conséquences terribles qui peuvent en résulter :

« 140 personnes furent renfermées dans une chambre de 7 mètres carrés, qui n'avait d'autre ouverture que deux petites fenêtres donnant sur une galerie. Le premier effet qu'éprouvèrent ces malheureux prisonniers fut une sueur abondante et continuelle; une soif insupportable en fut bientôt la suite : à cette soif succédèrent de grandes douleurs de poitrine et une difficulté de respirer approchant de la suffocation. Ils essayèrent divers moyens pour être moins à l'étroit et se procurer de l'air : ils ôtèrent leurs habits, agitèrent l'air avec leurs chapeaux, et prirent enfin le parti de se mettre à

La ventilation peut s'effectuer naturellement.

La ventilation d'un lieu fermé peut s'effectuer naturellement, c'est-à-dire sans le secours de la chaleur ou d'un agent mécanique quelconque, mais il faut pour cela qu'une certaine méthode ait présidé à la disposition des ouvertures, portes, croisées ou cheminées, pouvant donner accès à l'air, soit du dehors au dedans, soit du dedans au dehors.

En effet, quand deux orifices sont ouverts, l'un dans la partie inférieure d'une pièce, l'autre dans la partie supérieure, il s'établit des courants qni marchent tantôt dans un sens, tantôt dans un autre; c'est-à-dire que si l'air contenu dans la pièce est à une plus haute température que l'atmosphère il s'écoule par l'orifice le plus élevé, si au contraire il est à une température plus basse, il s'échappe par l'orifice inférieur.

Preuve de ce qui vient d'être avancé.

Tout le monde a pu constater ce phénomène par une expérience bien simple et pourtant très-convaincante que nous allons rappeler ici: Dans une chambre dont l'air est plus chaud que celui du dehors, si on entre-bâille la porte et que

genoux tous ensemble et de se relever simultanément au bout de quelques instants; ils eurent recours trois fois à cette expérience, et chaque fois plusieurs d'entre eux, manquant de force, tombèrent et furent foulés aux pieds par leurs compagnons. Ils demandèrent de l'eau, on leur en donna; mais se disputant pour s'en procurer, les plus faibles furent renversés et succombèrent bientôt après : l'eau n'apaisa pas la soif de ceux qui purent en boire, et encore moins leurs autres souffrances; ils étaient tous dévorés d'une fièvre qui redoublait à tous moments. Avant minuit, c'est-à-dire avant la quatrième heure de leur reclusion, tous ceux qui restaient encore en vie, et qui n'avaient pas respiré aux fenêtres un air moins infect, étaient tombés dans une stupidité léthargique ou dans un affreux délire : on se battit de nouveau pour avoir accès aux fenêtres. A deux heures du matin il n'y avait plus que 50 vivants; mais ce nombre était encore trop grand pour que tous pussent recevoir de l'air frais : le combat se continua jusqu'à la pointe du jour. Le chef lui-même, après avoir résisté longtemps, était tombé asphyxié : on le releva, on l'approcha de la fenêtre et on lui donna des secours. Bientôt après la prison fut ouverte; *de 140 hommes qui y étaient entrés, il n'en sortit que 23 vivants*; ils étaient dans le plus déplorable état qu'on puisse imaginer, portant peinte dans tous leurs traits la mort à laquelle ils venaient d'échapper. »

Ce fait, que nous empruntons au *Dictionnaire des sciences médicales*, est extrait de l'*Histoire des guerres des Anglais dans l'Indoustan*. Il démontre mieux que les meilleurs raisonnements du monde la nécessité de donner issue à l'air vicié pour le remplacer par l'air neuf.

l'on présente à cette ouverture une bougie allumée, le sens dans lequel la flamme est chassée indiquant la direction du courant, on voit que vers la partie supérieure, le mouvement a lieu du dedans au dehors, tandis qu'inférieurement il se porte du dehors au dedans. Il va sans dire que si l'air intérieur est exactement à la même température que l'air extérieur, il y a équilibre parfait, immobilité complète des molécules, et qu'alors toute ventilation étant impossible, ce phénomène ne se produit pas.

Le renouvellement de l'air d'un lieu fermé n'a lieu complétement que lorsque deux ouvertures opposées l'une à l'autre ont été pratiquées à des niveaux différents.

Toutefois, on conçoit qu'une porte entre-bâillée ne saurait suffire pour ventiler une chambre qui n'aurait pas d'autre ouverture ; le déplacement de l'air aurait lieu, il est vrai, près de la porte, mais il ne serait pas possible dans le fond de la pièce. Il faut, pour que le renouvellement de l'air s'effectue complétement, deux ouvertures opposées l'une à l'autre, et pratiquées autant que possible, à des niveaux différents.

Les cheminées sont de puissants agents de ventilation.

Il découle naturellement de ce que nous venons de dire, que les pièces pourvues de cheminées sont toujours plus saines à habiter que celles qui n'en ont point. La cheminée, par l'orifice supérieur de son conduit toujours ouvert à l'air environnant, communique à l'intérieur les variations diurnes de température, et supplée ainsi à la négligence qu'on peut apporter dans le renouvellement de l'air de la pièce au moyen des portes et croisées, en déterminant des courants en sens contraires qui assurent l'aérage de la pièce. Ajoutons que ce puissant agent de ventilation fonctionnant surtout pendant la nuit, c'est-à-dire quand l'air des appartements est en général à une température plus élevée que celle de l'air atmosphérique, son action est d'autant plus précieuse qu'elle s'exerce à des heures où les autres issues sont le plus hermétiquement closes, et par conséquent à peu près nulles pour la ventilation.

Une cheminée est indispensable dans certains cas pour que la ventilation puisse s'effectuer.

Mais la cheminée, si nécessaire au renouvellement de l'air des appartements en général, devient indispensable dans les logements habités par de pauvres familles, qui pour se garantir des intempéries pendant la saison rigoureuse, ne se contentent pas de tenir les fenêtres closes pendant des mois entiers, mais encore calfeutrent avec soin toutes les issues, toutes les fissures qui pourraient permettre à l'air extérieur de pénétrer dans leur maison.

Un appareil de ventilation est indispensable dans les pièces qui ne possèdent pas de cheminée.

Concluons de ceci que toute pièce destinée à servir d'habitation et qui ne possède pas de cheminée, doit être pourvue d'un appareil de ventilation capable de renouveler l'air vicié qui est contenu dans la pièce, sans qu'on ait égard d'ailleurs aux croisées, qui par suite de clôture hermétique, deviennent presqu'aussi impénétrables à l'air neuf que de véritables murailles.

La cheminée ne suffit pas pour ventiler.

Il y a plus, c'est que dans les pièces susceptibles d'être habitées par plusieurs personnes (et dans certaines maisons c'est le plus grand nombre), la cheminée même ne peut suffire au renouvellement de l'air qui est contenu dans ces pièces, surtout quand le foyer n'est pas allumé ; les parties qui ont été respirées par les individus ou qui se sont trouvées en contact avec eux, s'étant échauffées par la transpiration cutanée et pulmonaire, s'élèvent toutes chargées de miasmes délétères jusqu'à la région élevée de la pièce, où elles se cantonnent faute d'une issue qui leur permette de s'échapper au dehors (1).

(1) Un membre du conseil de salubrité de Paris, M. Petit, a proposé un mode de ventilation qui est pratiqué depuis longtemps en Angleterre, et qui a éte conseillé dans ce pays par les docteurs Toynbee et Arnott ; il consiste :

1° En une plaque de zinc percée d'une grande quantité de petits trous (220 par pouce carré) qu'on établit à la partie supérieure de la fenêtre la plus éloignée du foyer, et dont la grandeur varie de 10 à 30 centimètres carrés selon l'étendue de la pièce.

2° En un conduit ou tube de 8 à 15 centimètres d'ouverture perforant la languette du tuyau de la cheminée ; ce tube muni à l'orifice ouvert sur l'appartement d'une plaque de zinc semblable á la première, est fermé à son extrémité par une valvule de soie, qui permet à l'air vicié de l'intérieur de s'écouler par la cheminée ; tout en s'opposant au passage de la fumée de la cheminée dans l'appartement.

Nous ne voulons nous porter garants de l'infaillibilité ni du système Toynbee et Arnott, ni d'aucun autre, mais nous pensons que les moyens connus de ventilation sont bons à indiquer à nos confrères, afin de les mettre à même de les étudier et de les améliorer.

Voici un autre système qui est recommandé par M. Henry Roberts, au-

Comment le renouvellement de l'air s'effectue dans l'état ordinaire des choses.

Dans l'état ordinaire des choses, le renouvellement de l'air ayant lieu, le plus ordinairement, de la porte à la cheminée, il s'ensuit que le courant ne traverse que les couches d'air les plus proches du plancher, c'est-à-dire celles qui sont les plus pures, et qu'il n'atteint pas les couches d'air corrompu qui se maintiennent à un niveau supérieur au foyer de la cheminée. Avec l'appareil Toynbee (1), c'est le contraire qui a lieu; l'air extérieur, appelé par le foyer, pénètre dans la pièce, et la traversant de haut en bas, passe par les couches plus ou moins viciées de l'air qu'elle renferme et les renouvelle utilement. Quant aux couches supérieures à ce courant diagonal, attirées incessamment par le tube d'appel disposé dans la partie haute du coffre de cheminée, elles ne séjournent pour ainsi dire pas dans la pièce.

Inconvénients des ventouses actuelles.

Ajoutons que les ventouses actuelles par lesquelles se précipitent quelquefois avec tant de violence des masses d'air glacé dont le contact a des inconvénients si graves, sont remplacées avec avantage par les plaques de zinc de l'appareil dont nous venons de parler, qui ont le grand mérite de briser l'air et de le tamiser à ce point que la flamme d'une bougie,

teur d'un très-bon ouvrage intitulé *Des habitations des classes ouvrières*, ouvrage traduit de l'anglais par ordre de M. le Président de la République :

« Mes essais, dit l'auteur, ne sont pas favorables à l'emploi des soupapes » de tout genre pratiquées aux cheminées dans le système ordinaire. Dans » certains cas elles réussissent parfaitement; dans d'autres il est presque » impossible d'empêcher la fumée d'en sortir. Je préférerais, quand c'est » praticable, établir à une certaine hauteur un tuyau de ventilation indé- » pendant, de $0^m,22$ sur $0^m,10$, ou même moins, accompagnant celui de la » fumée, ou en communication avec l'air extérieur s'il n'y a pas de tuyau de » cheminée pour l'appartement.

» La ventilation la plus simple que j'aie employé pour admettre l'air ex- » térieur, consiste dans une ouverture pratiquée entre deux briques (près » du plancher bas sans doute) munie d'une feuille de zinc trouée, envi- » ronnée d'un cercle de fer avec une plaque mobile et une crémaillère pour » le fermer à volonté. Les ventilateurs de Guy et de Bailie, ajoute l'auteur » sont bons aussi quand on les emploie à propos. »

(1) Voir la note précédente.

placée tout près de leurs orifices microscopiques, n'éprouve pas de vacillation.

Nous appelons toute votre attention, messieurs, sur cette dernière partie de ces observations; trouver les moyens d'aérer convenablement la demeure du pauvre sans qu'il soit forcé, pour arriver à ce résultat, d'ouvrir sa fenêtre lorsqu'il fait froid ou qu'il est malade: ce serait réaliser un grand progrès dans l'art de la construction et avoir fait beaucoup pour le bien-être et la santé de tous.

Conditions de succès d'un système de ventilation.

Toutefois, nous l'avons déjà dit, l'ouvrier ne croit pas à l'hygiène, et on ne le persuadera jamais que l'air qu'il a échauffé avec un combustible dont il est avare comme de son pain, soit devenu un poison dont il doit se débarrasser au plus vite. Ce qu'il faut donc avant tout, c'est un système de ventilation simple et peu dispendieux, qui n'exige aucun soin, aucune précaution; qui fonctionne pour ainsi dire à l'insu du locataire et qui soit en quelque sorte indépendant de son action et de sa volonté.

Certaines parties des habitations de luxe exigent par leur exiguïté des précautions extraordinaires de ventilation.

Cependant les précautions à prendre pour l'aérage des habitations ne doivent pas se borner aux logements d'ouvriers proprement dit. Certaines parties des maisons occupées par les classes aisées réclament les mêmes améliorations, appellent au même degré l'attention et les soins des hommes de l'art, et notamment les mansardes qui sont affectées au logement des domestiques, et ces bouges obscurs où les portiers sont ordinairement relégués.

Logements des portiers et des domestiques.

Nous avons dit ce que sont en général les loges de portiers: d'affreux trous où s'étiolent les malheureux qui sont condamnés à y vivre. Les chambres de domestiques ne leur sont guère préférables; situées sous les combles des bâtiments, et si peu élevées de plafond que ceux qui les habitent ne peuvent pas toujours s'y tenir debout, ces chambres ne sont un abri ni contre les rigueurs de l'hiver ni contre les chaleurs excessives de l'été; de plus leur extrême exiguïté fait que l'air s'y corrompt vite, et la ventilation ne pouvant s'y établir suffisamment par les fissures d'une porte et d'un châssis à tabatière qui restent fermés toute la nuit, il en résulte que l'air ne se renouvelle pas dans ces chambres et que par conséquent elles sont extrêmement insalubres (1).

En résumé, pour les chambres de domestiques, et avec plus de raison encore pour les loges de portiers, dans lesquelles l'habitation est constante, l'application d'un système de ventilation est indispensable.

Caves.

Les caves des bâtiments exigent aussi des précautions d'aérage qu'on ne doit pas négliger de prendre, tant dans l'intérêt des personnes qui y pénètrent que parce que ces lieux peuvent contribuer à l'altération de l'atmosphère extérieure. Les caves sont souvent destinées à être le dépôt de substances dont les émanations peuvent compromettre la vie des personnes qui s'y exposent (2).

Chauffage des habitations.

Le système de chauffage des habitations a une trop grande influence sur leur salubrité intérieure pour qu'il n'en soit pas fait mention dans ce travail.

Des appareils en usage.

Les maisons particulières sont chauffées ou par des foyers découverts ou par des poêles ou par des calorifères; chacun

(1) Les chambres affectées au logement des domestiques, dans les grandes villes, sont un des fléaux de nos maisons, et peut-être une des causes de la démoralisation qui nous entoure. Les criminels qu'on renferme sous les *plombs* de Venise n'ont certainement rien à envier, comme habitation, aux malheureux que nous reléguons dans les affreuses cellules qui ont pris la place de nos greniers. Et pourtant ces êtres, que nous traitons avec si peu de pitié, sont nos semblables; ils souffrent physiquement et moralement comme nous de l'insalubrité de leurs demeures, ils vivent avec nous, ils soignent nos enfants, ils sont presque de la famille, et souvent ils nous rendent avec dévouement des services que nos amis même nous refuseraient!

(2) Le docteur Ollivier d'Angers raconte qu'étant allé pour visiter un magasin d'os et de chiffons, situé dans une cave voûtée qui n'avait de communication avec l'air extérieur que par la porte d'entrée, il fut pris de vertiges et ressentit des nausées et des envies de vomir qui le forcèrent à s'éloigner sur-le-champ et à regagner l'entrée de la cave et l'escalier qui y conduisait. Sorti de la cave son état s'améliora, cependant il ressentit un malaise pendant le reste de la journée. Le soir il éprouva des vomissements suivis de sueurs froides, de déjections liquides, de syncopes continuelles, et cet état se prolongea pendant deux ou trois jours. Le sol de cette cave était humide, les murs étaient d'un noir verdâtre, l'air dans lequel brûlait la lumière était infect et avait une odeur fade et nauséabonde.

de ces modes de chauffage a ses avantages et ses inconvénients. Les cheminées simples sont très-salubres parce qu'elles appellent une quantité d'air de dix à vingt fois plus considérable que celle nécessaire à la combustion ; mais quand on n'utilise que la chaleur rayonnante les résultats sont loin d'être en rapport avec la consommation du combustible, puisqu'on estime que les quinze seizièmes environ de la chaleur totale produite s'écoulent en pure perte par la gaîne de la cheminée, et que, d'un autre côté, l'air neuf appelé directement du dehors refroidit l'air intérieur et diminue d'autant la chaleur rayonnée.

Inconvénients de ces appareils.

On sait que si l'air extérieur ne pénètre dans l'appartement que par les fissures des portes et des fenêtres, il s'établit un courant d'air froid qui, avant d'arriver au foyer, va frapper les personnes qui se chauffent. Quand on veut s'opposer à l'introduction de l'air froid par les portes et fenêtres, on place des bourrelets sur les interstices de ces ouvertures, et on a recours à un conduit spécial ménagé dans l'épaisseur du plancher, conduit par lequel l'air neuf arrive jusqu'au foyer sans incommoder les personnes qui sont dans l'appartement; mais alors les ventouses débouchant directement dans les jambages de la cheminée, l'air qu'elles fournissent est appelé immédiatement par le foyer, et ne peut par conséquent servir au renouvellement de celui de la pièce. Ainsi, d'un côté, la ventilation n'est obtenue qu'aux dépens du calorique; de l'autre, le calorique n'est augmenté qu'aux dépens de la ventilation.

Amélioration apportée par Franklin.

Franklin, le premier, trouva le moyen de concilier ces exigences en apparence contradictoires; ce moyen que vous connaissez, messieurs, consiste à faire passer le conduit de la ventouse par le foyer, c'est-à-dire à échauffer l'air neuf avant son entrée dans l'appartement et à éloigner autant que possible de la cheminée l'orifice intérieur de la ventouse, afin que l'air introduit contribue à l'aérage de la pièce avant de servir à la combustion.

Le perfectionnement des appareils de chauffage est d'un haut intérêt pour la salubrité.

Il est d'autant plus important d'établir des cheminées qui réunissent toutes les conditions voulues pour consommer peu de combustible, donner beaucoup de chaleur et contribuer utilement à la ventilation des appartements, que la perfection dans ce système de chauffage n'est pas seulement une question de bien-être et de confort, mais qu'elle intéresse au plus haut point la salubrité des habitations. En effet, la combustion dégageant non-seulement du calorique, mais encore des gaz de natures diverses dont quelques-uns sont des poisons, il est important que ces gaz trouvent une issue par la gaîne de la cheminée, pour aller se perdre au dehors : or, une cheminée qui fonctionne mal les renvoie dans l'intérieur, et cet inconvénient est des plus graves. Aussi les mesures à observer pour établir convenablement une cheminée ne se bornent pas à la disposition, plus ou moins bien entendue, des conduits d'air destinés à alimenter la combustion et à ventiler les appartements; la construction des tuyaux affectés à l'évacuation de la fumée exige certaines précautions que nous vous demandons la permission de rappeler ici. Par exemple : tous les conduits des foyers de combustion doivent être indépendants les uns des autres, c'est-à-dire, 1° ne point communiquer entre eux quand ils partent de foyers différents (1); 2° être élevés à des hauteurs inégales quand ils sont très-rapprochés les uns des autres, afin d'empêcher que les vapeurs qui s'échappent des tuyaux puissent passer de l'un dans l'autre, comme cela arrive souvent dans les cheminées contiguës qui se terminent à un même niveau.

**Les conduits des foyers de combustion doivent être indépendants les uns des autres.**

(1) Qu'on veuille bien nous permettre de citer à l'appui de ce que nous avançons ici, un fait que nous trouvons consigné dans les *Annales d'hygiène*, et qui a été observé par feu M. Darcet : Ayant été chargé un jour, par le préfet de police Anglès, d'aller examiner un appartement dans lequel deux dames avaient été asphyxiées pendant la nuit, cet habile chimiste reconnut, en entrant dans la chambre où gisaient les victimes, la présence de l'acide carbonique. Cherchant alors par où ce gaz avait pu pénétrer dans la chambre, il trouva qu'il était entré par le poêle de la salle à manger, qu'il avait traversé le salon et s'était introduit dans la chambre à coucher par suite de l'appel de la cheminée de cette pièce. Le propriétaire, questionné, dit que la cheminée où donnait le tuyau du poêle dépendait du logement d'un dentiste qui occupait le premier étage. M. Darcet allant alors continuer son enquête chez le dentiste, ce dernier lui apprit qu'il avait passé la nuit à cuire des dents artificielles dans un fourneau à coupelle chauffé au charbon de bois; c'est-à-dire qu'il avait ainsi donné lieu à l'asphyxie des deux dames qui logeaient au-dessus de lui.

Nous pourrions citer beaucoup d'autres faits de ce genre, car ils sont très-nombreux, mais l'espace ne nous le permet pas.

Inconvénients des poêles.

Les poêles ont les défauts et les qualités contraires des cheminées; ils chauffent bien, mais ventilent très-peu. Ces appareils sont bien placés dans les pièces vastes, élevées, où l'on ne séjourne que peu de temps, mais ne pouvant contribuer efficacement au renouvellement de l'air, ils ne conviennent pas dans les pièces qui servent de réunion à plusieurs personnes, et encore moins dans celles qui sont constamment habitées.

L'insuffisance des appareils de chauffage tient surtout aux imperfections de leur construction.

Cependant avec les différentes sortes d'appareils en usage, et si ces appareils étaient toujours parfaitement disposés, on pourrait satisfaire à toutes les conditions de chauffage et de ventilation; mais il faut le dire, cette partie si importante de l'architecture domestique est trop souvent abandonnée à un fumiste que personne ne dirige, lequel ignore souvent la théorie du métier qu'il exerce. Pour ces travaux surtout la surveillance de l'architecte est indispensable; elle doit s'étendre jusqu'aux plus petits détails de l'œuvre et n'en dédaigner aucun, car les plus insignifiants en apparence sont quelquefois ceux qui importent le plus au succès. Il faut en un mot que l'homme de l'art ne craigne pas de se faire fumiste lui-même lorsqu'il fait construire des appareils de ce genre, afin de hâter autant que possible la solution de ce problème difficile : à savoir un mode de chauffage à la fois simple, salubre et économique.

Maisons récemment construites.

Nous ne terminerons pas ce chapitre, messieurs, sans appeler votre attention sur une cause d'insalubrité bien grave qui est commune à tous les bâtiments, depuis le palais le plus somptueux jusqu'à la chaumière la plus misérable, mais contre laquelle, par malheur, la science ne peut rien : nous voulons parler du danger qui résulte de l'habitation immédiate des maisons récemment construites. Ce danger, que les médecins ont signalé depuis longtemps, consiste principalement dans les effets insalubres que produit l'humidité des murs, quand les matériaux dont ils sont construits ne sont pas encore arrivés à un état complet de dessiccation. Un savant hygiéniste de l'Allemagne, Jean Pierre Frank, demandait une loi qui interdît au propriétaire de louer sa maison avant qu'une année entière se soit écoulée depuis le jour de son entier

Opinion de Frank à ce sujet.

achèvement. Ce délai pourrait être modifié selon le climat et le mode de construction, la nature des matériaux employés, et l'époque de l'année où la maison a été bâtie; mais quel que puisse être ce délai nous croyons indispensable qu'il soit déterminé dans chaque localité par l'administration. En effet, rien n'est plus commun que de voir des maisons à peine couvertes, envahies aussitôt par des locataires empressés qui n'attendent pas même que le plâtre soit assez sec pour recevoir les peintures et les papiers qui doivent le revêtir. Dans ces logements meurtriers, le linge et les vêtements sont constamment humides, les meubles pourrissent, la moisissure s'étend sur les murailles, le sel quelquefois se liquéfie à l'air, et tous ces signes de la plus dangereuse insalubrité n'empêchent pas les malheureux qui s'y exposent de s'obstiner à vivre dans ce terrible milieu, jusqu'à ce que les plus affreuses maladies, les rhumatismes, les scrofules, les tumeurs, la phthisie, ou la mort viennent enfin les en chasser.

Dangers qu'entraîne avec elle l'habitation immédiate de ces maisons.

Nous savons bien, messieurs, qu'imposer au propriétaire l'obligation de ne tirer parti d'une maison récemment bâtie que lorsque l'habitation de cette maison est devenue sans danger pour le locataire, c'est imposer à la propriété immobilière une charge nouvelle; mais cette considération ne nous paraît pas assez importante pour prévaloir sur l'intérêt général; les administrations municipales doivent plus d'égards à la vie des citoyens qu'à un intérêt d'argent; et si les autorités qui seront chargées d'appliquer la nouvelle loi ne se croyaient pas suffisamment armées pour poursuivre d'aussi dangereux abus, c'est qu'il y aurait dans cette loi une lacune que tôt ou tard le législateur serait appelé à combler.

Les causes de l'insalubrité des habitations ne se bornent pas, nous en sommes convaincus, messieurs, à celles que nous avons indiquées dans le cours de ce rapport, ces causes sont certainement beaucoup plus nombreuses; mais il n'était pas possible de les embrasser toutes dans un travail qui n'est que l'ébauche bien faible d'un ensemble d'études que ceux qui continueront notre œuvre sauront bien développer, et que l'expérience et le bon vouloir de tous ne manqueront pas de compléter.

Etablissements publics. — Garnis. Ateliers. Colléges. Casernes. Hôpitaux.

Il est bien entendu, messieurs, sans que nous ayons besoin de le dire, qu'en étudiant les conditions de salubrité qu'il nous semble nécessaire d'introduire dans les habitations privées, nous avons eu également en vue toutes les demeures où sont réunies, sous une forme ou pour un but quelconque, des populations agglomérées : tels sont, en première ligne, les *garnis*, et ensuite les ateliers, les colléges, les casernes et les hôpitaux. Il est bien évident que les lois de l'hygiène imposent à ces établissements des conditions plus sévères encore qu'aux maisons particulières; mais notre cadre ne nous permettait pas de nous en occuper. Ces établissements sont d'ailleurs sous une législation spéciale, des règlements particuliers les régissent, et l'autorité publique, munie à leur égard de droits plus étendus, peut exercer sur eux une surveillance incessante et directe qui a manqué jusqu'ici aux habitations privées.

Ces établissements sont sous une législation spéciale.

Formulaire des questions sur lesquelles les commissions sanitaires devraient éclairer l'administration publique.

Enfin, messieurs, pour préparer autant qu'il est en nous les moyens d'application de la loi qui nous occupe, et venir en aide aux commissions que cette loi a instituées, nous avons joint à notre rapport (*voir* l'annexe) un tableau synoptique des points sur lesquels devrait porter d'une façon spéciale l'attention des commissions, et le formulaire des questions sur lesquelles elles devraient éclairer l'administration publique. La simple inspection de ce tableau, que nous avons voulu mettre à la portée de tous les membres des commissions, quel que fut le degré d'instruction de chacun d'eux, suffira pour vous le faire bien comprendre.

Création d'un conseil spécial de salubrité.

Votre commission a pensé aussi, messieurs, que la création d'*un conseil spécial de salubrité* serait indispensable pour assurer l'exécution des mesures pratiques dont nous avons, dans les pages qui précèdent, discuté l'importance et l'utilité; ce conseil, dont elle espère que vous adopterez la pensée, serait chargé de surveiller les maisons existantes et de constater que les dispositions en sont conformes aux règlements spéciaux et aux exigences de l'hygiène; il deviendrait le véritable organe de la loi, le plus sûr moyen de la faire respecter.

Toutefois, messieurs, nous ne devons pas nous le dissimuler, quelle que soit l'efficacité des moyens que nous venons d'exposer, on n'aurait rien fait encore si l'on se bornait à leur exécution matérielle et si l'administrateur négligeait de porter plus loin ses regards. Demander à l'autorité des règlements sévères pour la meilleure disposition possible de la voie publique, pour l'aérage de la cité, pour l'écoulement des eaux; exiger des propriétaires qu'ils se conforment à de judicieuses prescriptions dans la construction et la distribution de leurs maisons : c'est approcher du but, mais ce n'est pas l'atteindre. En vain aura-t-on réuni autour de l'habitation du pauvre toutes les conditions désirables de salubrité et même de confort, on aura complétement échoué si l'on permet que sa négligence, ses habitudes funestes, la paresse ou la routine fassent de sa demeure même un foyer d'infection pour lui et pour ses voisins. Ici, messieurs, nous ne nous dissimulons pas tout ce que les moyens propres à combattre le mal que nous signalons présenteraient de difficulté dans leur application. Rien ne serait à la fois plus utile et d'une exécution plus délicate. Envahir, même avec des intentions excellentes, le domicile du citoyen, s'introduire dans sa vie privée, lui prescrire des règles de conduite dans la sphère de ses actions domestiques où il est seul juge et juge absolu, cela semble au premier abord une tentative aussi vaine qu'indiscrète. Il ne nous appartient pas, messieurs, d'insister trop longtemps sur ce sujet qui sort de notre compétence, et cependant nous vous demandons la permission de vous exposer en peu de mots quelques idées qui se sont fait jour dans le sein de votre commission et qu'elle ne croit pas tout à fait indignes de votre attention.

On n'atteindrait pas le but qu'on se propose si l'on se bornait à l'exécution pure et simple des règlements.

Sans doute, hâtons-nous de le dire, la loi, la loi impérative et absolue est complétement impuissante pour diriger la vie de famille du citoyen, et pour lui imposer des règles il n'y faut pas penser; mais nous sommes convaincus qu'il serait possible de faire en cette matière beaucoup de bien par la voie puissante et toujours juste de la persuasion. Si de funestes habitudes de négligence, et, disons le mot, de malpropreté, se perpétuent dans certaines parties de la population, au détriment de leur santé, de leur moralité et de leur

Il faudrait éclairer certaines parties de la population sur les dangers auxquels elles s'exposent par ignorance ou faute de soin.

force, il est permis de penser que leur obstination prend surtout sa source dans leur ignorance; et que mieux instruites et plus fréquemment averties des dangers auxquelles elles s'exposent, des conséquences redoutables que peut produire leur incurie, connaissant mieux les germes de langueur et de mort qu'elles déposent au sein de leurs propres familles, elles trouveraient dans leur droit naturel, du bien-être, et dans un sentiment plus haut, dans leur affection pour leurs familles, un ressort suffisant pour surmonter leur fatale et, disons-le, leur coupable indolence.

Sociétés libres dont l'action pourrait aider à atteindre le but que la loi nouvelle s'est proposé.

C'est ici, messieurs, qu'à l'appui de la loi nous voudrions qu'il nous fût permis d'exprimer le vœu que des sociétés libres se formassent; qu'elles se donnassent pour tâche de visiter certaines habitations, d'y apporter les notions d'une bonne et facile hygiène, les conseils autorisés de la bienveillance et du savoir; nous voudrions que dans ces sociétés, que nous jugeons si éminemment utiles, se confondissent des médecins, des architectes, des ouvriers intelligents et tous ceux enfin qui aiment le bien et qui veulent le faire; qu'à l'aide de ressources qu'ils sauraient créer, les membres de ces associations fissent au besoin exécuter dans les logis malsains, et avec le consentement de leurs habitants, les réparations nécessaires auxquelles pourraient être employés les ouvriers inoccupés; travaux doublement utiles, et desquels sortirait ce double bienfait : un salaire inespéré pour ces ouvriers, la santé et le bien-être pour leurs camarades.

Une objection se présente toutefois, messieurs; cette intervention que nous appelons de tous nos vœux serait-elle bien reçue? la pensée généreuse en serait-elle comprise par les hommes appelés à en profiter? Franchement nous le croyons. Comme on n'y saurait employer ni autorité ni contrainte, on aurait une chance de plus de la faire accepter; d'injustes défiances s'éteindraient bientôt devant les témoignages d'un intérêt sincère; et d'ailleurs l'homme de travail, soyons-en convaincus, est tout disposé à ouvrir sa porte à l'ami qui l'aborde avec des paroles bienveillantes.

Tel est, messieurs, l'ensemble des réformes qu'il nous paraît urgent d'apporter à un état de choses que tout le monde aujourd'hui condamne et que tout le monde aussi veut sincèrement améliorer. Non pas, messieurs, que nous ayons la prétention d'apporter ici un remède infaillible aux maux profonds que déplorent toutes les âmes généreuses; il en est des misères qui nous occupent comme de bien d'autres plaies sociales : on peut les soulager, mais il n'est malheureusement au pouvoir de personne de les guérir radicalement sans extirper d'abord du cœur de l'homme ses intérêts et ses passions, c'est-à-dire sans remettre dans le moule le genre humain tout entier.

---

Permettez nous maintenant, messieurs, de vous exposer le plus succinctement possible les moyens que nous croyons les plus propres à assurer la salubrité des habitations; cette dernière partie de notre travail fait l'objet du résumé suivant que nous avons l'honneur de soumettre à votre approbation.

---

# RÉSUMÉ.

## MOYENS PROPOSÉS POUR ASSURER LA SALUBRITÉ DES HABITATIONS.

---

### *Première Partie.*

**Voies publiques. — Hauteur des maisons. — Pavage. — Bornes-fontaines.—Trottoirs. — Nettoiement.— Latrines publiques. — Urinoirs.— Égouts , etc.**

I.

Dans le but de diminuer l'accumulation démesurée de la population des grandes villes et de forcer les agglomérations d'hommes à s'étendre sur de plus grandes surfaces :

Faire des règlements dans un sens favorable à une diminution dans la hauteur des maisons.

II.

Pourvoir à l'élargissement des rues, ruelles, impasses et autres voies publiques, en raison des besoins de la circulation et de la salubrité.

III.

Multiplier les places et carrefours, créer des squares et des jardins publics, principalement dans les quartiers qui manquent d'air et qui sont éloignés des promenades.

IV.

Assurer l'exécution des règlements relatifs à la largeur, au revêtement imperméable du sol et à l'éclairage des passages publics ouverts sur des propriétés particulières, ainsi qu'à l'écoulement de leurs eaux, et faire des règlements semblables pour les villes où ils n'en existe pas encore.

V.

Assurer par tous les moyens possibles l'écoulement des eaux de toute provenance qui peuvent être jetées sur les voies publiques :

1° Par l'inclinaison convenable du sol et par son pavage;

2° Par le bon entretien des ruisseaux pavés qu'il faudrait souvent faire relever pour empêcher l'infiltration des eaux dans le sous-sol;

3° Par des caniveaux disposés le long des trottoirs quand il en existe ;

4° Par l'établissement de bornes-fontaines dans les villes qui peuvent distribuer des eaux à leurs administrés, et par l'augmentation du nombre de ces fontaines dans les villes qui n'en possèdent pas un nombre suffisant.

VI.

Encourager par des primes l'établissement de trottoirs dans toutes les rues, ainsi que l'exige la loi rendue à ce sujet et que le font plusieurs villes importantes et notamment Paris.

VII.

Adopter un système de nettoiement uniforme pour toutes les rues des villes, afin d'assurer la propreté constante de la voie publique sur tous les points de la cité, et non pas sur quelques-uns seulement comme cela a lieu aujourd'hui.

VIII.

Établir en nombre suffisant des latrines et des urinoirs publics aux abords des monuments et établissements publics, qu'il faut protéger contre les dégradations de toute nature (1). Faire tenir ces latrines et ces urinoirs dans un état constant de propreté et d'inodorité, et indiquer à cette occasion des dispositions de construction qui puissent à la fois

(1) Nous excepterions toutefois de la règle les édifices religieux, lesquels devraient être affranchis de souillures de ce genre. Appliquer ces sortes de choses contre les murs de ces édifices, c'est, selon nous, méconnaître jusqu'à un certain point le caractère sacré de leur destination, et blesser le sentiment de respect qu'inspire toujours une église.

faciliter cette tenue en bon état et satisfaire aux lois de la décence.

Obliger les restaurateurs, les marchands de vin et autres commerçants et industriels de cette nature, à placer des urinoirs soit à l'intérieur de leurs établissements, quand les localités le permettent, soit à l'extérieur ; et veiller à ce que ces urinoirs soient disposés convenablement et tenus en bon état de propreté au moyen de lavages fréquents ou autrement.

## IX.

Construire des égouts sous les voies publiques, principalement dans les grands centres de population, et poursuivre l'exécution des systèmes d'égouts en cours d'exécution dans quelques villes et notamment à Paris.

Pour faciliter la réalisation de ces améliorations, inviter les administrations municipales à faire construire des égouts secondaires quand les propriétaires riverains prendraient l'engagement de contribuer aux frais de construction de ces égouts.

Diriger vers ces égouts une plus grande quantité d'eau pure afin de mettre ainsi obstacle à leur infection.

Encourager les particuliers à faire établir des embranchements directs sur les égouts publics, pour diriger souterrainement vers ces égouts les eaux qui s'écoulent aujourd'hui à découvert sur la voie publique.

Opérer fréquemment le curage des égouts et veiller à ce que cette opération n'ait pas lieu dans les moments qui peuvent favoriser le dégagement des gaz délétères (1).

(1) Cette observation est également applicable aux canaux de navigation, aux pièces d'eau, aux étangs et en général à tous les bassins dont les eaux dormantes ou n'ayant pas un cours suffisant et régulier peuvent donner lieu au curage de leur lit.

## *Deuxième Partie.*

**Puits. — Puisards. — Cours. — Écoulement des eaux ménagères —Enlèvement des immondices.—Lavages.— Fosses d'aisances. Tuyaux de chute. — Latrines. — Caves.— Allées. — Escaliers. — Tuyaux de descente des eaux ménagères. — Humidité. — Ventilation, etc.**

### X.

Assujettir les puits des grandes villes à des curages périodiques, principalement dans les quartiers où leur eau sert à l'alimentation, et surtout dans les maisons où l'eau de rivière ne parvient pas. Le bon état des puits n'intéresse pas seulement la salubrité, il importe beaucoup aussi à la sûreté publique; un puits est nécessaire à l'arrosement des rues et des cours, et il peut être d'un grand secours en cas d'incendie.

### XI.

Prohiber absolument l'établissement de nouveaux puisards recevant des eaux ménagères ou insalubres, dans toute propriété joignant une voie publique pourvue d'un égout dont le radier est inférieur au niveau du sol de la propriété; faire combler ceux qui existent et obliger le propriétaire à diriger vers l'égout toutes les eaux qu'il ne peut jeter sur la voie publique. Quand au contraire il n'y a pas d'égout dans le voisinage, tolérer *provisoirement* l'établissement ou l'existence de puisards, mais sous la réserve :

1° Qu'ils seront assimilés aux fosses d'aisances, c'est-à-dire que leurs parois seront parfaitement étanches et que la vidange en sera opérée périodiquement sous la surveillance de la police;

2° Que leur suppression sera effectuée dans le délai d'un an à partir du jour ou un égout viendrait à être construit dans une des rues bordant la propriété.

### XII.

Demander à l'avenir pour les cours intérieures :

1° Que dans celles dont la superficie dépasse cent mètres

il soit établi tout au pourtour, et sur une largeur minimum de $1^m$,50, un revers imperméable destiné à protéger le pied des bâtiments contre les infiltrations de toute sorte, et à faciliter l'écoulement des eaux pluviales et autres;

2° Que le sol de celles d'une superficie moindre soit pavé, dallé en pierre ou revêtu d'une aire en bitume dans toute sa surface;

3° Que les ruisseaux, caniveaux ou gargouilles offrent une déclivité suffisante pour l'écoulement facile des liquides de toute sorte, et soient constamment tenus en bon état de réparation et de propreté;

4° Que les immondices, qui pourraient être déposées dans les cours, n'y puissent sous aucun prétexte séjourner plus de vingt-quatre heures;

5° Qu'un puits, une pompe ou un robinet d'eau, soit placé, autant que possible, dans la partie la plus élevée et la plus reculée de la cour, afin de faciliter des lavages fréquents et abondants;

## XIII.

S'opposer à ce que la partie inférieure de la cour d'une maison soit couverte par un comble vitré ou non, placé à quelque hauteur que ce soit, à moins que des précautions n'aient été prises pour que cette couverture ne préjudicie en rien à la ventilation des pièces environnantes.

## XIV.

Relativement au séjour des matières fécales et à leur enlèvement :

En attendant les améliorations qui seront le résultat de l'expérience et de l'étude sur cette question;

Dans toutes les maisons où il n'existe pas de fosses fixes ou un système quelconque d'écoulement des matières accepté par l'autorité, exiger au moins qu'il soit établi des appareils mobiles.

Quant aux fosses fixes elles-mêmes :

Ordonner le recensement général de celles qui existent;

Faire vider d'office celles pour lesquelles il n'a pas été

fait de déclaration de vidange pendant un laps de temps jugé suffisant pour qu'elles aient pu être remplies;

Faire réparer, conformément aux règlements de police qui sont en vigueur, ou qui devront être faits sur cette question, les fosses qui seraient établies en contravention avec ces règlements, et ordonner la destruction de celles dont le mauvais état rendrait illusoires les réparations qu'on pourrait y faire;

Perfectionner le système insuffisant de ventilation des fosses fixes, tant que l'autorité croira devoir en tolérer l'usage, en exigeant notamment que le tuyau de chute soit, comme le tuyau d'évent, prolongé extérieurement jusqu'au-dessus des souches de cheminées;

Veiller à ce que le tuyau d'évent, dont l'orifice inférieur doit être ouvert dans la partie la plus élevée de la voûte de la fosse, s'élève, autant que possible, intérieurement dans le voisinage des cheminées et extérieurement à l'exposition du midi, afin qu'échauffé par les rayons solaires et par les foyers des appartements, il puisse faire appel aux gaz légers qui se cantonnent dans la région élevée de la fosse;

Placer, autant que les localités le permettent, le tuyau de chute, dont le rôle est tout opposé à celui du tuyau d'évent, dans des conditions absolument contraires.

## XV.

S'opposer à ce que les tuyaux de chute des matières puissent être recouverts de plâtre ou encastrés dans les murs; exiger au contraire qu'ils restent apparents ou isolés, que leurs joints de raccords soient lutés avec soin, et qu'en un mot ils soient rendus parfaitement hermétiques.

Prohiber l'emploi de la poterie pour ces tuyaux.

## XVI.

A l'égard des cabinets d'aisances communs et des urinoirs, ordonner :

1° Que les cabinets soient bien éclairés, bien ventilés et en communication directe avec l'air extérieur.

2° Que la paroi intérieure des cuvettes des siéges d'aisances soit vernissée et non brute, afin que le nettoiement en soit plus facile.

3° Que le sol et le pied des murs des cabinets communs soient rendus imperméables et que ce sol, incliné vers le siége, facilite l'écoulement des urines par un orifice communiquant avec le tuyau de chute.

4° Que le surplus des murs soit au moins peint à l'huile.

5° Que tout cabinet commun soit nettoyé et lavé chaque jour.

6° Que dans les cours des maisons habitées par un grand nombre de personnes il soit établi un ou plusieurs urinoirs communs mis en communication directe avec la fosse ou pourvus d'un récipient spécial destiné à recevoir les urines, afin que dans aucun cas le sol ne puisse en être infecté.

XVII.

Veiller à ce qu'aucune opération capable de développer des gaz délétères ne puisse avoir lieu dans les caves, sans que des précautions convenables aient été prises contre les conséquences qui peuvent en résulter.

XVIII.

Exiger pour les allées servant de passage commun à plusieurs locataires et notamment pour celles qui conduisent à une cour :

1° Que le sol de ces allées soit uni et imperméable et que es eaux de l'intérieur y trouvent un écoulement facile.

2° Qu'elles soit fermées à l'extérieur par une porte laissée à claire-voie dans toute la partie excédant la hauteur de 2 mètres, sans que jamais cette partie à jour puisse avoir moins de 0m,50 de hauteur.

XIX.

Les cages d'escaliers ayant une grande influence sur la ventilation des appartements, exiger : 1° qu'elles soient convenablement éclairées et ventilées;

2° Qu'il n'y soit point établi de cabinet d'aisances communs à plusieurs locataires n'ayant pas de communication directe avec l'air extérieur;

3° Qu'ils soient balayés fréquemment et que les immondices qui pourraient s'amasser sur les marches soient enlevées chaque jour.

XX.

Exiger que les orifices intérieurs des éviers soient toujours pourvus d'un obturateur hermétique.

Dans les maisons où chaque logement n'est pas pourvu d'un évier, exiger :

1° Qu'il soit établi des tuyaux de descente destinés à conduire les eaux ménagères dans la cour ou dans la rue;

2° Que ces tuyaux d'un diamètre intérieur de 10 centimètres au minimum, soient prolongés par le haut jusqu'au-dessus de l'entablement;

3° Que les eaux pluviales soient autant que possible dirigées dans ces tuyaux de manière à les laver;

4° Qu'une cuiller en pierre convenablement établie pour empêcher la dégradation du pied du mur soit placée au-dessous de l'orifice inférieur de ces tuyaux;

5° Que dans tous les cas où il sera nécessaire de tolérer dans les escaliers des cuvettes d'eaux ménagères destinées à un usage commun, ces cuvettes soient hermétiquement closes à l'intérieur, garnies d'une crapaudine et ventilées extérieurement, afin d'empêcher l'air vicié des conduits de pénétrer dans l'escalier.

XXI.

Interdire l'habitation des logements situés au rez-de-chaussée et qui se trouvent dans les conditions qui vont être indiquées, jusqu'à ce que le propriétaire ait pris des mesures propres à les rendre habitables, savoir :

1° Lorsque le sol d'une pièce est situé à un niveau inférieur à celui de la cour ou de la rue;

2° Lorsque ce sol n'est revêtu ni d'un planchéiage ni d'un carrelage;

3° Lorsque l'un ou plusieurs des murs d'une pièce sont adhérents à un terre-plein humide;

4° Lorsque des efflorescences extérieures indiquent que l'intérieur des murs est salpêtré par quelque cause que ce soit (1);

(1) Plusieurs moyens sont employés aujourd'hui pour combattre l'humidité des murs; ils consistent dans l'application sur les surfaces humides, soit d'une peinture hydrofuge, soit d'un enduit, soit d'une composition, soit d'un revêtement imperméable quelconque; mais ces divers systèmes

5° Lorsqu'une pièce destinée à l'habitation de nuit n'est pas pourvue d'une cheminée;

## XXII.

Interdire également l'habitation des pièces pouvant être louées isolément, et qui se trouvent dans les conditions suivantes :

1° Celles qui n'ont pas une hauteur de plafond d'au moins 2m,50;

2° Celles qui n'ont pas au moins deux ouvertures: une porte et une fenêtre de grandeur suffisante pour donner accès à la lumière nécessaire à la pièce;

3° Celles qui, malgré l'existence de portes, de fenêtres et même de cheminées, se trouveraient dans de mauvaises conditions d'aérage, jusqu'à ce qu'elles aient été rendues habitables par un mode de ventilation satifaisant;

4° Celles dont les murs nus et le plafond n'ont pas été nouvellement peints au moins à la chaux;

5° Celles qui, devant servir d'habitation de nuit, auraient une cheminée dont le conduit serait commun avec celui d'un autre foyer;

6° Celles dont le sol ou le plancher bas ne serait pas revêtu d'un carrelage en terre cuite ou d'un planchéiage en bon état.

## XXIII.

En considération de ce que les portiers et leurs familles demeurent constamment dans leurs logements, et que sous ce rapport ils se trouvent dans de plus mauvaises conditions que tous les autres habitants d'une maison, exiger pour ces loge-

ont pour inconvénient d'emprisonner l'humidité dans le corps du mur. M. Léon Vaudoyer, qui est une autorité en pareille matière, donne avec raison, selon nous, la préférence au principe du revêtement isolé, qui a le double avantage d'être un préservatif beaucoup plus certain, beaucoup plus durable, et de ménager entre lui et la partie humide un courant d'air qui doit diminuer sensiblement l'humidité, sinon la détruire entièrement. Nous renvoyons au surplus, pour plus de développements sur ce sujet, à l'excellent mémoire publié par notre honorable confrère, mémoire que nous avons consulté utilement nous-mêmes, et dont nous ne saurions trop faire l'éloge.

ments de meilleures conditions de capacité et d'aérage que pour les pièces à location.

## XXIV.

Pour les chambres sous comble, exiger :

1° Qu'elles n'aient pas moins de deux ouvertures : une porte et une fenêtre, et que cette fenêtre ait au moins une partie ouvrante verticale ;

2° Que leurs murs nus et leurs plafonds soient entretenus de peinture, au moins à la chaux ;

3° Que leur sol ou plancher bas soit dur et facile à nettoyer ;

4° Qu'il soit établi un faux plancher horizontal ou rampant, disposé de façon à ménager un courant d'air dans l'espace réservé entre les deux parois superposées : le faux plancher et le comble.

## XXV.

Prendre les mesures les plus sévères pour interdire dans tout logement, quel qu'il soit, les dépôts ou amas de matières, animales ou autres, susceptibles par leur nature ou par leur fermentation de compromettre la salubrité non-seulement de ces logements, mais encore des logements voisins.

## XXVI.

Faire insérer dans toutes les permissions données à l'avenir par l'autorité pour établir de nouvelles machines à vapeur, la condition expresse imposée aux concessionnaires de ne verser sur la voie publique leurs eaux de condensation, ordinairement à la température de 30 à 40 degrés, que par des orifices disposés de telle manière que le public puisse recueillir ces eaux pour les utiliser.

Et tâcher d'obtenir du dévouement des propriétaires de machines à vapeur actuellement existantes, les travaux nécessaires pour rendre leurs eaux chaudes profitables au public. Ces eaux, qui sont très-pures, ne seraient pas seulement utiles aux ménages pauvres pour la cuisine, les lavages, les savonnages et autres usages domestiques, elles contribueraient encore à la salubrité privée, moins encore en augmentant la masse des eaux en circulation dans les rues, qu'en fournissant les moyens de multiplier les bains de santé et de propreté, surtout les bains des enfants.

Décembre 1850.

ADOLPHE LANCE, *rapporteur.*

*Adopté en commission pour être soumis au conseil*,

*Le président*, ROHAULT

*Le secrétaire*, ADOLPHE LANCE.

*Adopté en conseil, le 7 décembre, et en assemblée générale, le 23 décembre.*

*Le président, membre de l'Institut*, BLOUET.

*Le secrétaire principal*, Ch. GOURLIER.

---

Suivent : 1° Les tableaux synoptiques dont il a été question à la page 62 du rapport;

2° La loi du 22 avril, sur l'assainissement des logements insalubres ;

3° La délibération de la Commission municipale de Paris, en date du 14 juin 1850 ;

4° Et l'avis de M. le préfet de la Seine aux habitants de Paris.

# FEUILLE D'INSPECTION DES COMMISSIONS SANITAIRES.

DÉPARTEMENT

de ____

ARRONDISSEMENT

de ____

CANTON

de ____

COMMUNE

de ____

*Quartier de* ____

*Rue* ____ *(largeur légale)* ____

*Maison N°* ____

M. ____, propriétaire, demeurant ____

M. ____, principal locataire, demeurant ____



**Visite du ____ 185 .**

***LES COMMISSAIRES ÉTAIENT :***

***MM.*** ____

Nota. Outre cette feuille, qui doit comprendre les Notes générales sur la Maison, MM. les Commissaires rempliront de petits bulletins qui s'appliqueront aux différents logements de chaque maison, et seront annexés à la présente.

Les réponses doivent en général être faites par *oui* et par *non*; on indiquera les mesures en chiffres.

| | TITRES. | QUESTIONS. | RÉPONSES. | OBSERVATIONS. |
|---|---|---|---|---|
| 1 | VOIE PUBLIQUE. | Est-elle pavée? . . . . . . . . . . . . . .<br>L'écoulement des eaux y est-il facile? . . .<br>Est-elle généralement humide? . . . . . .<br>Quelle est sa largeur? . . . . . . . . . .<br>——— la hauteur moyenne des bâtiments qui la bordent? . . . .<br>——— sa direction, ou orientation? . . | <br><br><br>m,<br><br>m, | |
| 2 | BATIMENTS SUR LA RUE. | Profondeur. . . . . . . . . . . . . . . .<br>Nombre d'étages. . . . . . . . . . . . .<br>Hauteur de l'étage le plus bas. . . . . . . | m,<br><br>m, | |
| 3 | BATIMENTS SUR LA COUR. | Profondeur la plus grande. . . . . . . . .<br>Nombre d'étages. . . . . . . . . . . . .<br>Hauteur de l'étage le plus bas. . . . . . . | m,<br><br>m, | |
| 4 | ENTRÉE de la MAISON. | Est-ce une porte cochère? . . . . . . . .<br>——— allée? . . . . . . . . . . . . .<br>L'allée est-elle obscure? . . . . . . . . .<br>Est-elle suffisamment aérée ou ventilée? .<br>Quel est l'état du sol? . . . . . . . . . .<br>Est-ce un ruisseau en pavé? . . . . . . .<br>——— un caniveau en pierre? . . . . . .<br>——— une gargouille couverte? . . . . . | | |
| 5 | LOGEMENT DU PORTIER. | Combien de pièces? . . . . . . . . . . . .<br>Longueur de l'ensemble des pièces . . . .<br>Largeur. . . . . . . . . . . . . . . . . .<br>Hauteur de la pièce la plus basse . . . . .<br>Combien de croisées? . . . . . . . . . .<br>Quelle est leur surface totale? . . . . . . .<br>Le jour est-il direct sur l'extérieur? . . .<br>Comment la loge est-elle éclairée la nuit?<br>Y a-t-il une cheminée? . . . . . . . . . .<br>——— un poêle? . . . . . . . . . . . . .<br>La loge est-elle aérée? . . . . . . . . . .<br>Les murs sont-ils humides? . . . . . . . .<br>Comment est revêtu le sol? . . . . . . . .<br>Le sol est-il en contre-bas du sol extérieur? | <br>m,<br>m,<br>m, | |
| 6 | COURS. | Quelle est la largeur de la cour? . . . . .<br>——— sa longueur? . . . . . . . . . .<br>Est-elle pavée? . . . . . . . . . . . . . .<br>——— dallée? . . . . . . . . . . . . .<br>L'écoulement des eaux est-il complet? . .<br>Les ruisseaux sont-ils en bon état? . . . .<br>Y a-t-il des gouttières aux bâtiments? . .<br>La cour est-elle aérée ou ventilée? . . . .<br>Est-elle bien tenue? . . . . . . . . . . . | m,<br>m, | |
| 7 | PUITS. | Où est-il placé? . . . . . . . . . . . . .<br>Son eau est-elle claire? . . . . . . . . .<br>——— abondante? . . . . . . .<br>Peut-on s'en servir en cas d'incendie? . . .<br>Y a-t-il une pompe? . . . . . . . . . . .<br>Est-elle en bon état? . . . . . . . . . . | | |
| 8 | EAUX DE LA VILLE. | Y a-t-il une concession? . . . . . . . . . .<br>Où sont placés les robinets? . . . . . . . | | |
| 9 | PUISARDS. | Est-il bien tenu? . . . . . . . . . . . . .<br>——— étanche? . . . . . . . . . . .<br>Reçoit-il des eaux pluviales? . . . . . . .<br>——— ménagères? . . . . . .<br>Répand-il de l'odeur? . . . . . . . . . .<br>Est-il fermé par une cuvette à siphon? . .<br>Quelle est la dimension de la pierre qui recouvre son orifice? . . . . . . . . . .<br>Y a-t-il un égout sous une voie publique voisine? . . . . . . . . . . . . . . . .<br>Y a-t-il un moyen de supprimer le puisard? | <br><br><br><br><br><br>,m | |

| | TITRES. | QUESTIONS. | RÉPONSES. | OBSERVATIONS. |
|---|---|---|---|---|
| 10 | EAUX MÉNAGÈRES. | Sont-elles absorbées dans le sol? . . . . .<br>S'écoulent-elles sur le sol par un ruisseau?.<br>——— par un caniveau? . . . . . .<br>——— par une gargouille couverte?<br>Où sont-elles conduites? Sur le sol? . . . .<br>——— Dans un égout? . . . . . .<br>——— Dans un puisard? . . . . .<br>——— A une mare d'évaporation? | | |
| 11 | FOSSE D'AISANCE. | Est-elle construite en maçonnerie? . . . .<br>Est-elle ventilée suffisamment? . . . . . .<br>Où se trouve la pierre d'extraction? . . .<br>Est-ce simplement un tonneau enterré? . .<br>Est-ce une fosse mobile? . . . . . . . .<br>Quel est le système de fosse mobile? . . .<br>Est-il établi suivant les prescriptions de la police? . . . . . . . . . . . . . . . . | | |
| 12 | LATRINES. | Sont-elles bien tenues? . . . . . . . . .<br>Leur sol est-il imperméable? . . . . . . .<br>Où s'écoulent les urines? . . . . . . . . .<br>Les tuyaux sont-ils en fonte? . . . . . . .<br>——— en terre cuite? . . . . .<br>——— isolés? . . . . . . . . .<br>Y a-t-il des ventouses? . . . . . . . . .<br>Quelles sont les dimensions de ces ventouses? . . . . . . . . . . . . . . . .<br>Les latrines sont-elles aérées sur une cour? . . . . . . . . . . . . . . . . .<br>——— sur un escalier? | | |
| 13 | ESCALIERS. | Sont-ils éclairés? . . . . . . . . . . . .<br>Par combien de croisées? . . . . . . . . .<br>Par une lanterne sur le comble? . . . . .<br>Sont-ils ventilés à chaque étage? . . . . .<br>Sont-ils bien tenus? . . . . . . . . . . .<br>Les murs sont-ils en bon état? . . . . . . | | |
| 14 | PLOMBS ou CUVETTES. | Combien y en a-t-il? . . . . . . . . . . .<br>Sont-ils en bon état? . . . . . . . . . . .<br>Sont-ils à l'intérieur? . . . . . . . . . .<br>Y a-t-il une ventilation? . . . . . . . . . | | |
| 15 | CAVES. | Y en a-t-il deux rangs? . . . . . . . . . .<br>Sont-elles humides? . . . . . . . . . . .<br>Sont-elles ventilées? . . . . . . . . . . . | | |
| 16 | ÉCURIES. | Quelle est leur hauteur? . . . . . . . . . .<br>Leur pavé est-il au-dessous du sol de la cour?<br>Dans quel état sont les ruisseaux? . . . . . | | |
| 17 | MAGASINS. | Quels objets renferment-ils? . . . . . . .<br>Ces objets sont-ils d'une nature dangereuse?<br>——— malsains? . . . . . . . | | |
| 18 | ATELIERS, FABRIQUES<br>BUANDERIES,<br>et autres<br>ÉTABLISSEMENTS INDUSTRIELS. | Quel est le genre de fabrication? . . . . .<br>Sont-ils bien tenus? . . . . . . . . . . . .<br>Sont-ils aérés ou ventilés? . . . . . . . . | | |
| 19 | DÉPOTS. | Y a-t-il des dépôts d'immondices? . . . . .<br>——— de fumiers? . . . . . .<br>——— d'autres natures? . . .<br>Sont-ils malsains? . . . . . . . . . . . .<br>——— dangereux? . . . . . . . . . . . | | |
| 20 | ANIMAUX. | Quels sont-ils et leur nombre? Chevaux? . .<br>——— Lapins? . .<br>——— Volailles? .<br>Où sont-ils placés? Dans la cour? . . . . .<br>——— Dans les logements? . . | | |

# OBSERVATIONS GÉNÉRALES.

NOTA. Ces observations s'appliqueront à l'état général de la maison; elles signaleront les logements les plus malsains.

CERTIFIÉ par les Membres de la Commission soussignés,

A , ce 185 .

**Bulletin** *spécial à chaque Chambre ou Logement, Rue , N° , Étage.*

| DEMANDES. | RÉPONSES. | DEMANDES. | RÉPONSES. Pour la 1re pièce. | RÉPONSES. Pour la 2e pièce. |
|---|---|---|---|---|
| Quel est le nom du locataire? . . . . . . | | Quelle est leur longueur? . . . . . . . . | | |
| Sa profession? . . . . . . . . . . . . . . | | ——— leur largeur? . . . . . . . . . . | | |
| Le nombre d'habitants du logement? . . | | ——— le mode d'éclairage? . . . . . . | | |
| Le logement est-il sous comble? . . . . . | | Est-ce un châssis vitré vertical? . . . . | | |
| Quelle est la hauteur moyenne de l'étage? | | ——— à tabatière? . . . | | |
| Y a-t-il des soupentes? . . . . . . . . . . | | Y en a-t-il plusieurs? . . . . . . . . . . . | | |
| A quelle distance sont-elles des plafonds? | | Quelles sont les dimensions de chacun? . | | |
| Le plancher haut est-il plafonné? . . . . | | Le châssis est-il à coulisse? . . . . . . . . | | |
| ——— à solives apparentes? | | ——— est-il dormant? . . . . . . . . | | |
| Le sol est-il planchéié? . . . . . . . . . . | | Quelle distance y a-t-il de l'ouverture au plafond? . . . . . . . . . . . . . . . . | | |
| ——— carrelé? . . . . . . . . . . . | | Quelle est la hauteur de l'appui? . . . . | | |
| Le sol est-il en bon état? . . . . . . . . . | | Quel est le mode de chauffage? . . . . . | | |
| Y a-t-il de l'humidité au sol? . . . . . . . | | Est-ce une cheminée? . . . . . . . . . | | |
| ——— sur les murs? . . . | | ——— un poêle? . . . . . . . . . . . . | | |
| Y a-t-il des alcôves? . . . . . . . . . . . | | Y a-t-il de l'odeur des latrines? . . . . . | | |
| ——— des cabinets? . . . . . . . . . . . | | Y a-t-il des dépôts dans le logement? . . | | |
| Couche-t-on dans la pièce de travail? . . | | Quelle est la nature de ces dépôts? . . . | | |
| Quel est le nombre des pièces? . . . . . | | | | |



Nota. Ce bulletin doit être annexé à la feuille de la maison et parafé par les commissaires.

*Fait à*

*ce* 185

# LOI

## RELATIVE A L'ASSAINISSEMENT DES LOGEMENTS INSALUBRES.

Promulguée le 22 avril 1850.

L'Assemblée nationale a adopté la loi dont la teneur suit :

Art. 1. Dans toute commune où le conseil municipal l'aura déclaré nécessaire par une délibération spéciale, il nommera une commission chargée de rechercher et indiquer les mesures indispensables d'assainissement des logements et dépendances insalubres mis en location ou occupés par d'autres que le propriétaire, l'usufruitier ou l'usager.

Sont réputés insalubres les logements qui se trouvent dans des conditions de nature à porter atteinte à la vie ou à la santé de leurs habitants.

Art. 2. La commission se composera de neuf membres au plus, et de cinq au moins.

En feront nécessairement partie un médecin, et un architecte ou tout autre homme de l'art, ainsi qu'un membre du bureau de bienfaisance et du conseil des prud'hommes, si ces institutions existent dans la commune.

La présidence appartient au maire ou à l'adjoint.

Le médecin et l'architecte pourront être choisis hors de la commune.

La commission se renouvelle tous les deux ans par tiers ; les membres sortants sont indéfiniment rééligibles.

A Paris, la commission se compose de douze membres.

Art. 3. La commission visitera les lieux signalés comme insalubres. Elle déterminera l'état d'insalubrité, et en indiquera les causes, ainsi que les moyens d'y remédier. Elle désignera les logements qui ne seraient pas susceptibles d'assainissement.

Art. 4. Les rapports de la commission seront déposés au secrétariat de la mairie, et les parties intéressées mises en demeure d'en prendre communication et de produire leurs observations dans le délai d'un mois.

Art. 5. A l'expiration de ce délai, les rapports et observations seront soumis au conseil municipal, qui déterminera :

1° Les travaux d'assainissement et les lieux où ils devront être entièrement ou partiellement exécutés, ainsi que les délais de leur achèvement ;

2° Les habitations qui ne sont pas susceptibles d'assainissement.

Art. 6. Un recours est ouvert aux intéressés contre ces décisions devant le conseil de préfecture, dans le délai d'un mois à dater de la notification de l'arrêté municipal. Ce recours sera suspensif.

Art. 7. En vertu de la décision du conseil municipal ou de celle du conseil de préfecture, en cas de recours, s'il a été reconnu que les causes d'insalubrité sont dépendantes du fait du propriétaire ou de l'usufruitier, l'autorité municipale lui enjoindra, par mesure d'ordre et de police, d'exécuter les travaux jugés nécessaires.

Art. 8. Les ouvertures pratiquées pour l'exécution des travaux d'assainissement seront exemptées, pendant trois ans, de la contribution des portes et fenêtres.

Art. 9. En cas d'inexécution, dans les délais déterminés, des travaux jugés nécessaires, et si le logement continue d'être occupé par un tiers, le propriétaire ou l'usufruitier sera passible d'une amende de 16 francs à 100 francs. Si les travaux n'ont pas été exécutés dans l'année qui aura suivi la condamnation, et si le logement insalubre a continué d'être occupé par un tiers, le propriétaire ou l'usufruitier sera passible d'une amende égale à la valeur des travaux, et pouvant être élevée au double.

Art. 10. S'il est reconnu que le logement n'est pas susceptible d'assainissement, et que les causes d'insalubrité sont dépendantes de l'habitation elle-même, l'autorité municipale pourra, dans le délai qu'elle fixera, en interdire provisoirement la location à titre d'habitation.

L'interdiction absolue ne pourra être prononcée que par le conseil de préfecture, et, dans ce cas, il y aura recours de sa décision devant le Conseil d'État.

Le propriétaire ou l'usufruitier qui aura contrevenu à l'interdiction prononcée sera condamné à une amende de 16 à 100 francs, et, en cas de récidive dans l'année, à une amende égale au double de la valeur locative du logement interdit.

Art. 11. Lorsque, par suite de l'exécution de la présente loi, il y aura lieu à résiliation des baux, cette résiliation n'emportera en faveur du locataire aucuns dommages-intérêts.

Art. 12. L'article 463 du Code pénal sera applicable à toutes les contraventions ci-dessus indiquées.

Art. 13. Lorsque l'insalubrité est le résultat de causes extérieures et permanentes, ou lorsque ces causes ne peuvent être détruites que par des travaux d'ensemble, la commune pourra acquérir, suivant les formes et après l'accomplissement des formalités prescrites par la loi du 3 mai 1841, la totalité des propriétés comprises dans le périmètre des travaux.

Les portions de ces propriétés qui, après l'assainissement opéré, resteraient en dehors des alignements arrêtés pour les nouvelles constructions, pourront être revendues aux enchères publiques, sans que, dans ce cas, les anciens propriétaires ou leurs ayants droit puissent demander l'application des articles 60 et 61 de la loi du 3 mai 1841.

Art. 14. Les amendes prononcées en vertu de la présente loi seront attribuées en entier au bureau ou établissement de bienfaisance de la localité où sont situées les habitations à raison desquelles ces amendes auront été encourues.

Délibéré en séance publique, à Paris, les 19 janvier, 7 mars et 13 avril 1850.

*Le président et les secrétaires*,
Signé : DUPIN, ARNAUD (de l'Ariége), LACAZE, CHAPOT, PEUPIN, HEECKEREN, BÉRARD.

La présente loi sera promulguée et scellée du sceau de l'État.

*Le président de la République*,
Signé : LOUIS-NAPOLÉON BONAPARTE.

*Le garde des sceaux, ministre de la justice*,
Signé : E. ROUHER.

## PRÉFECTURE DU DÉPARTEMENT DE LA SEINE.

### EXTRAIT

**Du Registre des Procès-Verbaux des Séances de la Commission municipale de la ville de Paris.**

Séance du 14 juin 1850.

LA COMMISSION MUNICIPALE,

Vu la loi des 19 janvier, 7 mars et 13 avril 1850, relative à l'assainissement des logements insalubres et portant : « Art. 1er. Dans » toute commune où le Conseil Municipal l'aura déclaré nécessaire » par une délibération spéciale, il nommera une Commission char» gée de rechercher et indiquer les mesures indispensables d'as» sainissement des logements et dépendances insalubles mis en » location ou occupés par d'autres que le propriétaire, l'usufrui» tier ou l'usager » ;

Vu le mémoire de M. le Préfet de la Seine;

Considérant qu'il existe dans les grands centres de population, et particulièrement à Paris, des quartiers dont l'insalubrité est notoire et permanente; qu'il y a lieu dès lors d'appliquer à cette ville la loi ci-dessus visée ;

Considérant qu'aux termes de l'art. 2 de la même loi la Commission chargée de l'étude des mesures à prendre doit être composée de douze membres ;

**DÉLIBÈRE :**

ARTICLE PREMIER.

Est déclarée applicable à la ville de Paris la loi des 19 janvier, 7 mars et 13 avril 1850, relative à l'assainissement des logements insalubres.

ART. 2.

Sont nommés par la voie du scrutin et par bulletin de liste membres de la Commission chargée de rechercher et indiquer les mesures d'assainissement :

MM.

BEAU (Alexis), membre de la commission de l'assistance publique et du bureau de bienfaisance du 10e arrondissement.
BARESWIL, professeur de chimie à l'école Turgot.
MORT, membre du conseil des Prud'hommes, entrepr. de charpente.
SÉGUIER (Armand), membre de l'Institut.
BOUTRON, ancien membre du conseil municipal de Paris.
PERRET, ancien membre du conseil municipal de Paris.
BRUYÈRE (1), inspecteur voyer du 1er arrondissement.
OGERBAU, tanneur, membre du conseil des manufactures.
MESLIER, membre de l'Académie du médecine et du comité d'hygiène publique.
TRÉBUCHET, chef de bureau à la Préfecture de Police, secrétaire du conseil de salubrité.
GEORGES, juge au tribunal de commerce.
THOYOT (A.), ingénieur en chef du chemin de fer de Rouen.

*Suppléant :* M.

LETELLIER-DELAFOSSE, ancien membre de la chambre et du tribunal de commerce.

*Signé au registre :*

TRONCHON, *Secrétaire.* LANQUETIN, *Président.*

Pour extrait conforme :

*Le Secrétaire général de la Préfecture,* CH. MERRUAU.

## AVIS.

Les Membres de la Commission instituée en exécution de la loi sur les logements insalubres, seront dans la nécessité de visiter les maisons auxquelles cette loi paraîtra devoir être appliquée.

Le Préfet de la Seine invite les habitants de Paris, propriétaires et locataires, à recevoir ces Délégués de l'autorité, à leur fournir les renseignements dont ils pourront avoir besoin, et à leur faciliter autant que possible l'accomplissement de leur mission toute d'intérêt public.

Paris, le 1er décembre 1850.

*Le représentant du peuple, préfet de la Seine,* BERGER.

(1) Architecte, membre de la Société.

Paris. — Imprimé par E. THUNOT et Ce, rue Racine, 28, près de l'Odéon.

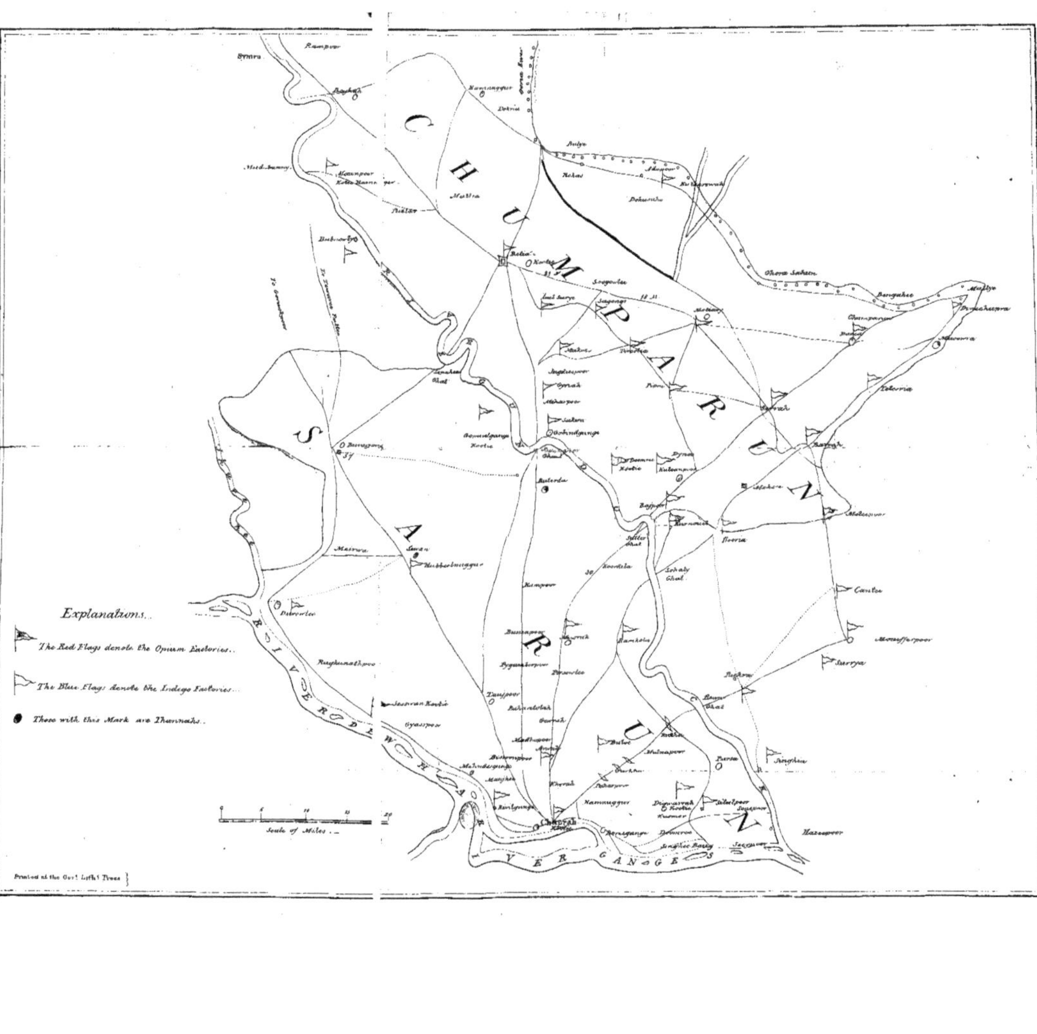

CHUMPARUN
SARUN
RIVER GANGES
Explanations..
The Red Flags denote the Opium Factories..
The Blue Flags denote the Indigo Factories...
Those with this Mark are Thannahs..
Scale of Miles..
Printed at the Govt. Lith. Press

## DESCRIPTION DU JETON.

Le jeton de présence de la «Société centrale des Architectes» représente, d'un côté, l'ARCHITECTURE. Des monuments de toutes les époques couronnent sa tête et semblent sortir de son cerveau.... Au revers sont écrits ces mots : *Société centrale des Architectes*, et sont gravés deux attributs, un *compas* et une *fleur*, emblèmes de la *science* et de l'*art*, de la *précision* et de la *liberté*.

H. LABROUSTE.

www.ingramcontent.com/pod-product-compliance
Ingram Content Group UK Ltd.
Pitfield, Milton Keynes, MK11 3LW, UK
UKHW021225230726
13926UKWH00003B/1247

9 782014 430820